김형곤의 실전 사장학 1
초보 사장 빨리 벗어나라

김형곤의 실전 사장학 · 1

초보 사장 빨리 벗어나라

초판 1쇄 인쇄 2010년 8월 9일
초판 1쇄 발행 2010년 8월 16일

지은이 김형곤
펴낸이 김선식
펴낸곳 (주)다산북스
출판등록 2005년 12월 23일 제313-2005-00277호

PD 박경순
다산북스 임영묵, 박경순, 이혜원, 김다우
디자인본부 최부돈, 손지영, 황정민, 김태수, 조혜상, 김희준
마케팅본부 모계영, 이도은, 신현숙, 김하늘, 박고운, 권두리
광고팀 한보라, 박혜원
홍보팀 정미진
온라인마케팅팀 하미연
저작권팀 이정순, 김미영
미주사업팀 우재오
경영지원팀 김성자, 김미현, 김유미, 유진희, 정연주

주소 서울시 마포구 서교동 395-27번지
전화 02-702-1724(기획편집) 02-703-1725(마케팅) 02-704-1724(경영지원)
팩스 02-703-2219
이메일 dasanbooks@hanmail.net
홈페이지 www.dasanbooks.com

필름 출력 스크린그래픽센타
종이 신승지류유통(주)
인쇄 (주)현문
제본 광성문화사

ISBN 978-89-6370-297-1 (04320)
　　　978-89-6370-296-4 (04320)(세트)

김형곤의
실전 사장학 1

a
Private
Tutor
for
CEO

김형곤 지음

30인 이하 기업 사장을 위한
18가지 실전 경영 노하우

초보사장
빨리
벗어나라

다산
북스

'실전 사장학' 시리즈를
시작하면서

  많은 사람들이 성공을 꿈꾸며 자기 사업을 시작하지만 첫 사업부터 바로 성공했다는 사람을 찾기란 쉽지 않다. 실제로 프랜차이즈 형태의 치킨집부터 기술 벤처기업까지 연간 10만 개 이상의 중소기업이 문을 열고, 그중 절반 이상이 창업하고 나서 1~2년 이내에 문을 닫는다. 첫 사업이 실패로 끝나는 가장 큰 이유는 사업 자체에 대한 지식이 부족하기 때문이다. 대부분의 첫사랑이 서로에 대한 경험과 이해 부족으로 해피엔딩으로 귀결되지 않는 것과 같은 이치다.

  사업은 직장생활이나 가정생활과는 다른 별도의 규칙에 따라 움직이는 세계다. 따라서 사업을 지배하는 원칙과 규칙에 대한 기본적인 이해 없이 사업을 시작하는 것은 준비 없이 아마존 밀림에 들어가는 것과 같다. 기초체력이 강하거나 누군가의 도움을 받을 수 있는 경우를 제외하고는 대부분 맹수들의 먹이가 되거나 스스로 탈진하여 목숨을 잃게 된다.

다섯 권의 시리즈로 준비한 《김형곤의 실전 사장학》은 비즈니스 정글에서 어려움을 겪고 있는 초보 사장들을 돕기 위한 책이다. 그뿐만 아니라 향후 자기 사업을 계획하고 있는 예비 사장들이 구체적으로 어떻게 준비해야 하는지를 알려주는 책이다. 다섯 권의 내용을 먼저 살펴보면 다음과 같다.

첫 번째 책은 겉으로 보이는 사업의 화려함 뒤에 숨겨진 비즈니스 본질에 대한 관점을 정립하는 데 초점을 두었다. 특히 돈이 오가는 거래를 시작하고 이를 유지하기 위한 실용적 접근방법을 다양한 관점에서 소개하고 있다. 또한 사업에서도 성공하고 인생에서도 성공하기 위한 접근방식을 결합시키기 위해 노력했다. 사업에서의 성공이 성공적인 삶의 한 부분이 되어야 하기 때문이다.

두 번째 책은 사업 실행 10단계를 통해 실패를 피하고 성공 확률을 높이는 접근방식을 탐색하는 데 초점을 두었다. 특히 외부의 기회와 자신의 핵심역량을 어떤 방식으로 연결시킬 것인가에 대해서 깊이 생각할 수 있도록 했다. 그것이 바로 경험 없이 시작하는 첫 사업의 실패를 줄여주는 핵심이기 때문이다. 또한 프랜차이즈 창업과 독립 창업의 차이를 알고 활용하는 요령과 첫 사업에서 성공 확률을 높이는 초점을 요약해서 설명해준다.

세 번째 책은 비즈니스 리더인 사장의 역할에 대한 것을 담았다. 작은 규모의 기업에서 사장의 역할은 절대적이다. 대기업에 비해 자본도 부족하고 인력의 질에서도 밀리는 상황에서 기업을 유지하고 발전시킬 수 있는 핵심동력이 사장이기 때문이다. 적은 매출로도 수익을 만들어내는 요령, 경험 없는 직원 데리고 성과 만들기, 자신에게 호의적이지 않은 사람들과 일하기, 경쟁자에게서 고객 지키기 등 실용적 방법을 이야기한다. 또한 학습하는 존재로서의 사장에 대한 이해를 넓히기 위해 노력했다.

네 번째 책은 사장과 함께 일하는 직원들의 역할에 대하여 이야기했다. 규모가 작은 회사의 직원들이 자부심과 비전을 갖고 일하는 것은 쉽지 않다. 그러나 자기 가치를 높이기 위한 노력이라면 충분히 시도해볼만한 것이 된다. 회사와의 윈-윈 관계를 통해 자기 가치를 높이는 방식을 알고, 즉각적으로 가치를 높이는 방법과 지속적인 노력을 통해 가치를 높여가는 방법을 알고 실행할 수 있는 지침을 알려줄 것이다. 사장과 직원이 함께 읽고 서로의 관점과 생각을 솔직하게 나눌 수 있는 내용들이다.

다섯 번째 책에는 초보 사장이 현장에서 직접 활용하고 적용할 수 있는 마케팅 방법을 소개하는 데 초점을 두었다. 마케팅은 기업 경영에서 꼭 필요한 활동이면서 가장 공격적인 영역이다. 문제는 기업의 현실과 상황에 적합한 방식을 찾아낼 수 있느냐에 있다. 그래서 마케팅의 핵심에 대한 이해와 개념 정립, 사장이 꼭 알아야 할 마케팅의 초점, 상황의 변화에 관계없이 자기만의 마케팅 방법을 발전시켜나갈 수 있는 접근방식을 습득하고 활용할 수 있도록 했다.

사업의 성패는 사장에게 달려 있다. 사업 세계를 지배하는 원칙과 규칙에 대한 객관적 관점을 갖지 못하면 아무리 열심히 노력해도 의도한 성과를 얻기 힘들다. 사업 실패를 줄여주고 성공 확률을 높이는 프로세스를 알지 못하면 사업 성과를 얻기까지 훨씬 더 많은 자원과 힘을 소모하게 된다. 사장이 해야 할 역할과 직원이 해야 할 역할을 어떻게 구분하고 행동하느냐에 따라 기업 경쟁력이 결정된다. 자신의 기업 규모와 상황에 맞는 구체적인 마케팅 방법을 알고 반복해낼 수 있으면 경쟁자가 누가 됐든 자신이 의도한 결과를 쉽게 얻어낼 수 있다. 이 모든 것은 사장이 어떤 준비를 하고 사업을 시작하느냐에 달려 있다.

사업은 일종의 미로게임이다. 분명히 출구는 있는데 그것을 찾아내기가 쉽지 않다. 그래서 처음 사업을 하는 사람들은 시행착오를 겪을 수밖에 없다. 중요한 것은 시행착오의 기간을 줄이는 것과 앞의 실패를 다음 시도의 발판으로 삼을 수 있어야 한다는 것이다. 가능하다면 첫 도전에서 바로 출구를 찾아낼 수 있다면 더 좋을 것이다. 20여 년의 경험과 노력을 담아낸 이 다섯 권의 책이 당신을 비즈니스 게임의 승자로 이끄는 길잡이가 될 수 있길 바란다.

-CEO 가정교사
김형곤

현상 속에 숨겨진
사업의 본질을 찾아라

처음 음식점을 시작하려는 사람이 관련 분야의 컨설턴트를 찾아가서 조언을 구했다. 한 시간 여의 대화를 통해 "음식 원가가 판매가의 35퍼센트를 넘어서는 안 된다."는 기준을 배웠다. 그는 적당한 가게 자리를 찾아 10평 규모의 음식점을 개업했고, 배운 대로 35퍼센트의 원가를 유지했다. 그러나 개업 후 간간이 오던 손님들의 발길이 점차 뜸해졌고, 가게는 이내 파리만 날리게 되었다. 더 이상 유지하기 힘들겠다 판단하여 가게를 접기로 한 식당 주인은 남은 식자재를 처리할 요량으로 식당을 찾아오는 사람들에게 푸짐한 먹을거리를 제공했다. 그런데 희한한 일이 벌어졌다. 가게를 찾는 손님의 수가 점점 늘어났던 것이다. 이유는 가격에 비해 음식의 양이 푸짐했기 때문이다. 점점 사람들이 늘어나더니 점심시간에는 가게 앞으로 긴 줄이 늘어서기까지 했다. 이 식당 사장은 한 달 만에 지옥과 천국을 오가는 경험을 한 셈이다. 6개월 후에 정산을 해보니, 컨설턴트가 얘기한 대로 전체 매출 중 원가비율이 35퍼센트 선에 맞추어져 있었다. 식당 경영에서 '원가 35퍼센트'는 충분한 고객이 확보된 후에야 의미 있는 수치라는 것을 뒤늦게야 깨달은 것이다.

월 70억~100억 원의 매출을 올리고 있는 지하3층, 지상8층의 쇼핑몰이 있다. 이 쇼핑몰을 만드는 데 수십억 원의 투자비와 1년 반 이상의 준비기간이 소요되었다. 일반적으로 대형할인점의 이익률이 1~3퍼센트를 넘지 못하는 현실을 감안할 때, 비용을 모두 계산한 후의 월 이익은 3억 이하로 추정된다. 그런데 매출을 현재보다 13퍼센트만 더 올리면 별도의 추가 투자 없이도 똑같은 쇼핑몰 하나를 더 운영하는 것과 같은 수익이 생긴다는 분석이 제기됐다. 이 쇼핑몰의 마케팅 책임자는 이 점에 착안하여, 기존고객들의 방문횟수와 객단가(고객이 1회 구매 시 지출하는 평균금액)를 조금씩 높일 수 있는 방안을 연구하기 시작했다. 그리고 상품정보의 흐름을 재정립하고 고객들에게 전달되는 전단의 모양을 조금만 수정하면 15~20퍼센트 정도의 추가매출을 만들어낼 수 있다는 확신을 얻게 되었다. 실제로 3개월 후에 평균 17.7퍼센트의 추가 매출이 발생했다. 이는 한 사람의 노력으로 똑같은 쇼핑몰 하나를 새로 만든 것 이상의 성과를 이루어낸 것이다. 수백 명이 1년 반 이상의 노력과 수십억 원의 투자비용을 통해 얻은 수익보다 한 사람의 아이디어와 시도로 얻은 수익이 더 클 수도 있는 것이 사업이다.

플라스틱 용기를 제조하여 세계적인 회사로 자리 잡은 A사 사장은 요즘 큰 고민에 빠져있다. 플라스틱 용기에서 환경호르몬이 나온다는 기사가 대두되면서, 플라스틱 용기를 사용하던 소비자들이 갑자기 등을 돌리기 시작했기 때문이다. 제품을 수정하거나 경쟁자보다 나은 서비스를 제공하는 것으로는 해결할 수 없는 상황이었다. 자칫하면 지금까지 성공적으로 영위해온 사업의 근간이 흔들릴 수도 있었다. 그는 지난 20여 년간 사업을 해오면서 형태는 다르지만 이와 유사한 어려움을 여러 번 겪었다. 사업에는 늘 장애물이 생기게 마련이다. 그는 마음을 다잡고 이 상황을 기회로 활용할 방법을 찾아보기로 했다. 물론 향후 수년간은 경영상의 어려움을 감내해야 할 것이다. 그러나 그 시간이 지나간 후에는 더 강한 회사로 거듭날 것이다.

초보 사장들은 종종 자신이 경험한 상식 내에서 사업이 전개될 것으로 생각한다. 그러나 사업을 해보면 현실은 기대와는 전혀 다르게 진행된다. 실제로 초보 사장들이 사업에서 어려움을 겪는 가장 큰 이유는 사업 자체에 대한 객관적 이해의 결여에 있다. 현상 속에 숨겨진 사업의 본질을 볼 수 있는 시각이 형성되어 있지 않기 때문이다. 눈에 보이는 사업 결과를 만들어내는 숨겨진 본질을 알지 못하기에 수많은 노력이 무위로 끝나는 경우가 많다. 몇 번의 노력은 근성으로 시도할 수 있지만 자신이 하는 행동이 어떤 흐름 속에 있는지 모르는 상태에서는 끝까지 버텨내기가 어렵다. 따라서 초보 사장이 사업을 준비하고 진행하는 데 있어서 가장 먼저 해야 할 것은 사업 자체에 대한 객관적 관점을 형성하는 것이다.

《김형곤의 실전사장학》 시리즈의 첫 번째 책인 이 책은, 2007년에 출간된 《CEO 가정교사 - 비즈니스 게임의 성공법칙》을 재구성해서 정리한 것이다. 이 책의 목적은 자기 사업을 시작한 초보 사장이 사업 자체에 대한 객관적 관점을 형성함으로써 효과적으로 사업을 풀어갈 수 있는 접근방식을 익히게 하는 데 있다.

1장에서는 사업의 성장 형태, 사업성과를 얻는 방식, 사업성과를 얻기 위해 치러야 할 대가와 과정, 사업결과를 만들어내는 핵심활동에 대해 기존 상식과는 전혀 다른 사업 자체의 특징들을 설명하고 있다. 사업에 대한 객관적 관점을 형성하고 이를 통해 성과를 얻는 효과적 접근방식에 대해서 깨달음을 얻을 수 있다.

2장에서는 사업의 핵심이 되는 '거래'를 시작하고 유지하는 실전적 방법들을 소개한다. 이미 사업을 하고 있는 사장이라면 자신의 성공과 실패 이유를 명확히 알게 될 것이고, 사업을 준비하는 사람이라면 어디에서 어떻게 준비하고 시작해야 할지를 알게 될 것이다.

3장에서는 실패를 피하고 성공확률을 높이는 전략적 접근방식을 알려준다. 특히 사업의 주요 변수인 소비자와 경쟁자, 기업에 대한 근본적 이해를 통해 자신의 강점을 활용한 블루오션blue ocean을 탐색하는 방식에 대해 배울 수 있다.

4장에서는 불가능해 보이는 문제를 풀어가는 방법, 자신이 원하는 시기에 원하는 형태로 사람을 움직이기 위한 기초 지식, 사업에서 어려움에 처했을 때의 대처요령, 사장으로서 균형 잡힌 사고를 가질 수 있도록 사장의 사업내공을 키우는 방식들에 대해서 자세히 알려준다.

규모의 크고 작음에 관계없이 사장이 기업 경쟁력의 근간이 된다. 작은 기업, 첫 사업인 경우에는 사장이 얼마나 준비된 사람이냐에 따라 사업의 성패가 결정된다. 이 책의 내용만 충실히 이해하고 실행한다면 자신의 기업을 튼튼한 반석 위에 올려놓을 것으로 자신한다.

−2010년 8월
김형곤

차
례

a
Private
Tutor
for
CEO

수면 위에 드러난 빙산의 크기보다 훨씬 더 거대한 몸체가 수면 아래에 존재하는 것처럼, 사업현실은 상식적으로 생각하고 상상하는 것과는 매우 다른 모습을 갖고 있다. 1장에서는 그러한 사업 본질의 이해를 통해 객관적 관점을 정립하고 성과에 효과적으로 접근할 수 있는 다양한 방식을 습득할 수 있다.

1장

객관적으로 바라보고
효과적으로 접근하라
− 비즈니스의 객관적인 모습

장사꾼 vs. 마케터 vs. 경영자

돈이 되게 하는 장사꾼,
고객을 모으고 유지할 수 있는 마케터,
오늘의 성공을 내일로 연결할 수 있는 경영자로서
스스로를 세워가는 것이
초보 사장의 핵심 도전이다.

비즈니스는 승패가 명확히 구분되는 일종의 게임이다. 따라서 자기 사업을 하고자 하는 사람이라면 누구나 게임의 규칙을 알고 따라야 한다. 사업에서 돈을 벌기 위해서는 반드시 알아야 할 세 가지 규칙이 있다.

첫째, "들어오는 돈이 나가는 돈보다 많아야 한다." 누구나 알고 있는 상식이지만 사업하는 사람들의 절반 이상이 이 문을 넘지 못해서 어려움을 겪는다. 일단 사업을 시작했다면 어떤 상황 속에서도 나가는 돈보다 들어오는 돈을 더 많이 만들어내야 한다. 그렇지 못하면 바로 퇴출이다.

둘째, "돈을 벌게 해주는 것은 제품이 아니라 고객이다." 제품이

비즈니스의
객관적인 모습

좋으면 성공할 수 있다고 생각하는 것은 반만 맞는 말이다. 아무리 좋은 제품을 가졌어도 돈을 지불하는 고객이 없으면 사업이 성립되지 않는다. 따라서 제품이 아닌 고객에게 먼저 초점을 맞춰야 한다. 실제로 고객을 확보하지 못한 비즈니스는 취미생활로 끝나고 만다.

셋째, "오늘도 성공해야 하고 내일도 성공할 수 있어야 한다." 오늘 성공했다고 해서 내일의 성공이 저절로 보장되지 않는다. 고객의 선호가 변하고 새로운 경쟁자가 나타나고 시장의 흐름은 오늘과 내일이 다르기 때문이다. 오늘의 성공을 내일로 이어가지 못하면 살아남을 수 없다.

들어오는 돈이 나가는 돈보다 많아야 한다

대부분의 기업들이 파산하는 이유는 들어오는 돈보다 나가는 돈이 더 많기 때문이다. 물론 현금흐름cash flow이 나빠져서 흑자도산을 하는 경우도 있지만, 대부분은 적자가 나기 때문에 도산에 이른다. 따라서 사장은 돈이 들어오는 구멍과 나가는 구멍을 정확히 알고 통제할 수 있어야 한다.

먼저 돈이 들어오는 구멍(수익모델)을 파악해야 한다. 돈이 들어오는 기존의 구멍을 넓히고 또 새로운 구멍을 만들어가야 한다. 한두 가지 구멍만으로는 어려움에 봉착하기 십상이다. 본업에서 벗어나지 않는 한도 내에서 다양한 수익모델을 마련하는 것이 바람직하다. 기본적으로 돈이 들어오는 구멍은 예측하기도 어렵고 통제하기도 힘들다. 그래서 항상 최선의 경우가 아닌 최악의 경우를 상상하면서 수익모델을 유지해야 한다. 사업이 생존을 넘어서는 상태에 이르면 그중 가장 효과적인 수익원을 선택하여 힘을 집중하는 것이 좋다. 사업은 효율의 게임이며 선택과 집중을 통해 효율을 극대화할 수 있기 때문이다.

다음으로는 돈이 나가는 구멍을 살펴야 한다. 돈이 나가는 구멍에는 두 가지 형태가 있다. 하나는 돈이 들어오는 구멍과 연결된 것이고, 또 하나는 그냥 돈이 나가는 구멍이다. 전자는 적절한 방법으로 넓혀나가야 한다. 나가는 구멍이 커질수록 돈이 들어오는 구멍도 커지기 때문이다. 그러나 후자는 현재를 유지하기 위한 비용 그 자체일 뿐이다. 따라서 그 숫자와 크기를 줄일수록 바람직하다. 결국 나가는 돈의 크기보다는 그 돈이 어디에 쓰이는지에 관심을 가져야 한다. 새로운 수익을 창출해내는 데 쓰이는 돈(투자)이라면 가능한 범위 내에서 씀씀이를 키워야 한다. 그러나 단순히 현재를 유지하는 데 쓰이는 돈(비용)이라면 아무리 적은 금액이라도 줄이기 위해 노력해야 한다. 일반적으로 광고나 홍보, 연구개발 등에 쓰이는 비용은 상황이 어려워져도 줄여서는 안 된다. 그것은 새로운 수익을 창출하는 지출이기 때문이다. 자기 아이템의 특징을 잘 살펴서 수익을 만들어내는 지출 부문을 찾아냈다면 그것을 지키기 위해 노력해야 한다. 아무리 힘들어도 그 부문의 지출을 줄여서는 안 된다. 오히려 적극적으로 비용을 늘리는 쪽으로 정책과 결정이 이루어져야 한다.

돈을 벌게 해주는 것은 제품이 아니라 고객이다

두 번째 규칙을 적극적으로 소화하기 위해서는 마케팅에 익숙해져야 한다. 마케팅은 한마디로 사람을 움직이는 기술이다. 좋은 제품과 서비스가 준비되었다면 그것을 지각知覺하고 반응하는 고객을 확보해야 한다. 효과적인 마케팅을 위해서는 다음 세 가지 질문에 답할 수 있어야 한다.

1. 누가 고객인가?
2. 고객에게 무엇을 팔 것인가?
3. 어떻게 알릴 것인가?

자신의 고객이 누구인지를 분명히 파악하고 자기 상품을 통해 예상고객들이 원하는 가치를 제공할 수 있어야 한다. 마케팅이 세일즈와 가장 크게 다른 것은 상품이 아닌 고객으로부터 생각^{thinking}을 시작한다는 것이다. 자신이 목표로 삼은 고객에 대해 많은 것을 알면 알수록 고객의 즐거운 반응을 이끌어내는 제안을 할 수 있다. 또한 자신의 상품과 예상고객들이 원하는 가치를 접목시키기가 용이해진다. 고객들은 자신이 원하는 가치^{value}를 충족하기 위해 상품을 구매하기 때문이다. 예상고객을 정하고 제공할 상품을 준비한 후에는 효과적인 광고 또는 홍보 방식을 찾는 것이 중요하다. 광고에 대해 고민할 포인트는 'What to say'와 'How to say'다. '어떤 메시지'를 전달할 것인가, 그리고 그 메시지를 '어떤 매체'를 통해 '어떤 방법'으로 전달할 것인가다. 성공 기업들의 스토리가 담겨 있는 책을 읽으면서 아이디어를 모으고, 경제 잡지나 신문을 읽으면서 응용할만한 내용들을 스크랩하고, 시장 조사를 통해 자신에게 적용할만한 모티브를 찾아보자. 정답은 없다. 자신의 아이템을 자신이 생각하는 고객들에게 제대로 알릴 수 있으면 된다.

오늘도 성공해야 하고 내일도 성공할 수 있어야 한다

오늘 성공을 일구어낸 사장에게는 물질적, 정신적인 여유가 있다.

그러나 오늘의 그 여유를 소진해버려서는 안 된다. 오늘의 성공이 내일의 성공을 보장해주지 않기 때문이다. 오늘의 성공을 가능하게 했던 외부 환경이 변화하고 있고, 경쟁자들이 새롭게 도전해오고 있으며, 어제의 고객들이 새로운 것을 요구하고 있다. 따라서 끊임없는 노력을 통해 내일의 성공을 준비해야 한다. 세 번째 규칙을 소화하기 위해서는 경영에 대한 지식을 습득하고 그것을 훈련해야 한다. 경영이란 변화하는 기업 외부 환경에 적절하게 대응해가는 과정이다. 또한 다른 사람들의 능력과 지식을 효과적으로 활용하는 기술이기도 하다. 자신에게 주어진 자원resources을 어떻게 분배할 것인가에 대해 전략적으로 생각하고 행동하는 것이다.

장사꾼 vs. 마케터 vs. 경영자

첫 번째 규칙을 이해하고 실행하는 사람을 성공한 '장사꾼'이라고 부른다. 들어오는 돈을 나가는 돈보다 많게 만드는 능력을 갖춘 사람이다. 두 번째 규칙을 이해하고 소화해내는 사람을 역량 있는 '마케터'라고 할 수 있다. 고객의 필요를 파악하고 그것을 자신의 상품과 연계하여 거래를 만들어내는 능력을 갖춘 사람이다. 첫 번째 규칙과 두 번째 규칙의 행동 주체는 자기 자신이다. 그러나 세 번째 규칙을 소화하기 위해서는 다른 사람에게 앞의 두 규칙을 운영하게 하고 그런 상황을 반복할 수 있는 시스템을 구축해야 한다. 즉 다른 사람을 통해 성공을 반복할 수 있어야 한다는 의미다. 그런 사람을 우리는 성공한 '경영자'라고 부른다. 오늘 성공을 만들어내고, 그 성공을 내일에도 반복할 수 있을 때 그 사업이 완성된다.

돈이 되게 하는 장사꾼, 고객을 모으고 유지할 수 있는 마케터, 오늘의 성공을 내일로 연결할 수 있는 경영자로서 스스로를 세워가는 것이 초보 사장의 핵심 도전이 된다.

사업은
불연속 형태로 성장한다

사업은 연속적인 형태로 성장하지 않는다.
연속적인 성장이란 허구에 가깝다.
실제로 모든 사업은
불연속적인 형태로 점핑하면서 성장한다.

모든 사업은 기본적으로 확장성을 지닌다. 작년보다는 올해가 더 발전해야 하고 내년에는 올해보다 더 나아가야 한다. 만약 성장이 답보 상태에 있거나 마이너스가 되면 경영진을 교체한다. 실제로 사업을 한다는 것은 흐르는 강물을 거슬러 나룻배를 저어가는 것과 같다. 현재에 만족하고 노 젓기를 멈추면 거기서 멈추는 것이 아니라 아래로 떠내려가기 십상이다. 현재의 상태를 유지하기 위해서라도 계속해서 노를 저어야 한다. 따라서 모든 사업은 기본적으로 성장계획을 세우고 시작해야 한다.

보통의 성장계획은 연속성을 가정하고 세운다(그림1-1). 그러나 사업을 해본 사람들은 공통적으로 사업이 연속이 아닌 불연속 성향

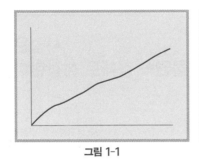

그림 1-1

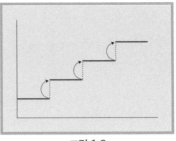

그림 1-2

을 가지고 성장한다고 말한다(그림1-2). 시간의 흐름에 비례해서 지속적으로 성장하는 것이 아니라, 적절한 환경과 상황이 주어졌을 때, 일정 위치에서 다음 위치로 점핑하면서 성장하는 것이다.

이는 사업에만 국한된 것은 아니다. 학습 과정에서도 유사하게 나타난다. 학습의 성과는 하루하루 연속적으로 나타나는 것이 아니라 일정한 시기에 한 번씩 점핑하는 형태로 나타난다. 사람 사이의 관계도 마찬가지다. 일정한 거리를 유지하다가 어떤 계기나 상황 속에서 거리가 가까워져 점핑하는 형태로 관계가 발전한다. 아이들의 키 크는 과정도 이와 유사하다. 열 살에서 열다섯 살 사이에 20센티미터가 컸다고 해서 아이가 매년 4센티미터씩 자랐다고 말할 수 없다. 분명 그 아이는 어느 일정한 기간에 몇 센티미터씩 불쑥 자라는 과정을 거쳤을 것이다. 성장은 불연속적으로 이루어진다. 불연속적 성장을 좀 더 구체적으로 이해하기 위해 나비의 성장단계를 살펴보자.

나비로 거듭나기까지의 단계적 성장

알 나비는 장차 애벌레가 먹고 자랄 식물의 잎이나 줄기, 가지, 눈, 꽃봉오리 같은 곳에 알을 낳는다. 눈에 잘 띄지 않는 잎 뒷면에 낳는 경우가 일반적이고 줄기에 낳을 경우에는 새순이 돋아 있는 연한 부위에 낳는다. 어떤 것들은 알의 상태로 월동하기도 하는데, 그런 류의 나비들은 대개 식물의 눈 밑 부분에 알을 낳아 이듬해 움이 트자마자 애벌레가 곧바로 연한 새잎을 먹을 수 있게끔 한다.

애벌레 알에서 부화한 애벌레는 빠른 속도로 자란다. 애벌레는 보통 초식성으로 풀이나 나뭇잎을 먹지만 어떤 종류는 대나무나 조릿대에 있는 진딧물을 먹기도 한다. 애벌레는 허물을 벗으면서 자라고 보통 네 번쯤 탈피를 한다. 허물을 한 번 벗을 때마다 일령씩 더해지는데 종령이 될 때까지 크기만 커지는 것이 아니라 색채와 무늬도 변한다.

번데기 종령의 애벌레가 번데기가 되기에 적당한 자리를 찾으면 배의 끝을 식물의 가지나 잎에 고정시켜 매달리거나, 허리에 실을 둘러 머리 부분을 위로 향하게 하고, 낙엽 속이나 나무껍질의 갈라진

곳에 들어가 번데기가 된다. 모양은 종류에 따라 다양하며 일반적으로 색깔은 보호색을 띤다. 몸에는 여러 모양의 요철돌기나 뿔돌기가 있다.

성충(나비) 대부분 번데기 상태로 겨울을 나고 봄이 되면 아름다운 나비로 우화한다. 나비는 한 세대가 1년이나 그 이상인데, 그보다 많이 걸리는 것이 있는가 하면 1년에 여러 번 발생을 하는 것도 있다. 이 경우는 한 세대의 기간이 2~3개월 정도다. 같은 종이라 하더라도 여름 세대와 겨울을 지내는 세대는 세대의 기간이나 몸 색깔이 다르다. 나비는 교미하고 알을 다 낳을 때까지 필요한 영양분을 얻기 위해 이리저리 꽃을 찾아다니고 물도 마시고 나무진도 빨아먹는다.

나비는 왜 성충으로 바로 성장하지 않고 애벌레와 번데기의 단계를 거치는 걸까? 그 이유를 자세히 규명하기는 어렵지만, 자연의 법칙 안에서 활동해야 하는 나비에게 반드시 필요한 과정이 내포되어 있기 때문일 것이다. 나비의 단계적 성장과 유사한 행동은 높은 산을 오르는 산악인들에게서도 나타난다.

베이스캠프와 1, 2, 3 캠프

세계 최고봉인 히말라야를 오르고자 하는 산악인들은 처음부터 산 정상을 바로 공략하지 않는다. 반드시 일정 거리를 두고 여러 개의 캠프를 설치한 후 주변의 상황과 환경을 살피면서 단계적으로 접근한다. 각 단계별로 준비하고 집중해야 할 포인트가 다르고 신체의 적응상황에 따라 머물고 전진하는 기간도 차이가 있다. 날씨나 신체의 적응도를 무시하고 진행했다가는 목숨을 잃을 수도 있다. 전문가들로만 구성되었느냐 초보자가 섞여있느냐에 따라서도 준비와 진행 방법이 달라진다.

히말라야 등반에서는 해발 4,000~5,000미터 부근의 지점에 베이스캠프를 설치한다. 베이스캠프는 각종 시설, 특히 연락시설을 갖추고 대원들이 휴식을 취할 수 있도록 준비한다. 베이스캠프까지는 포터가 짐을 나르고 그 다음부터는 대원들과 셰르파sherpa들이 다음 전진기지(1, 2, 3캠프)에 물자를 중계한다. 베이스캠프와 달리 전진기지들에는 최소한의 시설만이 갖춰진다. 특히 정상에서 가장 가까운 마지막 기지에는 눈보라를 피할 수 있는 필수 장비만을 둔다. 약간씩 차이는 있지만 대규모 등반과 탐험은 동일한 방식으로 진행된다. 그렇게 하는 것이 현실적이고 효과적이기 때문일 것이다.

점핑하면서 성장한다

앞서 말한 것처럼 사업은 연속적인 형태로 성장하지 않는다. 연속적인 성장이란 허구에 가깝다. 실제로 모든 사업은 불연속적인 형태로 점핑하면서 성장한다. 여기서 점핑이란 우리의 눈과 감각으로 확인된 결과를 말한다. 중학교 수학시간에 배웠던 $y = [x]$의 그래프를 떠올려보자. x의 값이 1.3이든 1.7이든 1.9든 y의 값은 동일하게 1이다. 소수점 앞자리가 2가 되지 않는 한 아무리 숫자가 커져도 결과치는 1에서 벗어날 수 없다.

그러나 근본적으로 점핑의 앞 단계는 점핑을 위해 필요한 힘을 축적하는 과정으로 이해하는 것이 옳다. 3일 된 번데기와 10일 된 번데기가 형태는 같아도 점핑(우화)을 위해 축적한 에너지의 크기가 다른 것과 같다. 우리 눈으로 확인되지 않았을 뿐이지 내재적으로는 성장이 지속되고 있는 것이다. 그러나 알에서 막 부화한 애벌레나 번데기 직전의 애벌레는 모두 같은 애벌레로 보인다. 실제로 사업이란 현상(성과)에 의해 평가된다. 따라서 연속이 아닌 불연속 형태로 성장한다는 것이 더 객관적인 사실이다.

사업이 연속이 아닌 불연속 형태로 성장한다는 점을 이해한다면 다음의 방법을 활용했을 때 효과적으로 사업을 확장해갈 수 있다.

시작점을 최대한 높여라

어떤 일을 새로 시작한다는 것은 쉽지 않은 일이다. 기존의 상태에 변화를 주어야 하기 때문이다. 투자할 재원을 마련해야 하고 이전에 하지 않던 노력을 기울여야 한다. 게다가 주변 환경이 자신이 의도한 대로 반응하지 않는 경우도 많다. 새로운 일을 한다는 것은 힘들고 지치는 과정이다. 그래서 많은 사람들이 맨 처음 계획과 달리 어느 일정한 수준에서 그냥 일을 시작하기도 한다. '조금씩 발전시키면 되지.' 하고 스스로를 위로하면서 말이다. 그러나 시작할 때 집중적으로 투자하는 것이 효과적이다. 일단 시작한 후에 조금씩 발전시키겠다는 생각은 오히려 현실적이지 않다. 오늘 10이라는 지점에서 시작했다면 당분간은 10이라는 수치를 넘어서기 어렵다. 그러나 조금 무리가 되더라도 15라는 지점에서 시작한다면 훨씬 바람직한 결과를 얻을 수 있다.

그렇다고 경험 없는 일에 처음부터 올인하라는 뜻이 아니다. 성과에 영향을 미치는 변수와 초점을 분명히 알고 있을 때 가능한 한 초기에 집중적으로 투자하라는 것이다. 초점이 분명하지 않을 때는 오히려 탐색하는 시간과 과정을 더 가져야 한다. 그러나 초점이 분명하다면 초기에 집중적으로 투자하는 것이 목표에 훨씬 효과적으로 도달하는 방법이다. 일단 시작하고 나면 현재의 상태를 유지하기 위해서 우리는 에너지를 소모하게 된다. 도약이나 새로운 시도를 위해서가 아니라 현재 상태를 유지하기 위해서 쓰는 에너지의 크기가 만만치 않은 것이 현실이다.

시작하는 시기에는 분명 기회가 있다는 사실을 명심하라. 시작점을 높게 잡을수록 다음 단계로 진입하기가 수월해진다. 앞에서 말한 베이스캠프를 떠올리면 쉽게 이해할 수 있다. 시작점이란 높은 산을 오를 때 설치하는 베이스캠프와 같다. 베이스캠프를 너무 낮게 설치하면 전진기지를 하나 이상 추가해야 한다. 그렇다고 베이스캠프를 무작정 높은 곳에만 설치할 수도 없다. 앞서간 사람들의 성공과 실패 경험을 통해 적절한 위치를 설정해야 한다. 물론 자신의 능력과 보유 자원이 얼마냐에 따라서 시작점은 달라진다. 그러나 무리하지 않는 수준에서 시작점을 높이기 위해 투자한다면 몇 배 이상의 의미 있는 결과가 나올 것이다.

적절한 점핑 포인트를 설정하라

축구에서는 수비수에서 최종 공격수에게 곧바로 긴 패스를 하기보다는 미드필더를 거쳐서 공격을 진행하는 것을 더 바람직하게 평가한다. 최종 목표에 도달하기 위해 중간 포인트를 두는 것이다. 수비진과 미드필더 사이의 간격, 최종 공격수를 뒷받침하는 미드필더 등 수비와 공격을 모두 고려할 때 그렇게 하는 것이 더 효과적이기 때문이다.

사업 목표에 접근할 때도 몇 개의 점핑 포인트를 설정하는 것이 좋다. 적절한 점핑 포인트를 설정하기 위해서는 경험과 지식이 필요하다. 노련한 사업가란 최종 목표에 도달하기 위해 어느 곳에 점핑 포인트를 설정해야 할지를 아는 사람이다. 왜 그래야 하는지를 잘 이해하지 못한다 해도 그들의 계획에 맞추어 행동하면 대부분 좋은 결과를 얻을 수 있다. 점핑 포인트 설정의 중요성을 이해할 수 있어야한다. 어떤 일을 시작하기 전에 그 일과 관련한 지식을 쌓고 전문가를 모으는 이유 중 하나는 최종 목표에 도달하기 위해 몇 개의 점핑 포인트를 설정해야 하는지를 알기 위해서다. 보통은 두세 개의 점핑 포인트를 설정하는 것이 일반적이나 정해진 답은 없다. 도달하려는 목표의 크기와 높이, 자신의 경험과 역량, 주어진 자원의 크기에 따라 점핑 포인트는 다르게 설정될 수밖에 없다. 점핑 포인트를 설정하는 일은 기업의 성장전략을 수립하는 것과 같다.

점핑 포인트에서는 힘을 집중하라

한 번 점핑하기 위해 보통은 몇 년의 준비기간을 거쳐야 한다. 점핑 포인트에서 그 힘이 폭발할 수 있도록 자원을 비축해야 한다. 특히 함께 일하는 사람들이 점핑 포인트를 정확히 인식하고 행동할 수 있도록 주지시켜야 한다. 사장에게는 점핑 포인트가 성장과 도약의 순간이지만, 그 외의 사람들에게는 견디기 힘든 고통의 시간이기 때문이다. 따라서 함께 일하는 사람들에게도 고통의 시간이 아니라 도전과 발전의 계기가 될 수 있도록 동기를 부여해야 한다. 그래야만 조직의 힘을 더 효과적으로 모을 수 있다.

그러려면 사전에 각 점핑 포인트를 넘기 위한 전략을 명확히 세워야 한다. 함께 일하는 사람들이 전략의 초점과 실행방법을 정확히 이해할수록 더욱 효과적으로 행동하게 된다. 한 지점에서 다른 목표 지점으로 이동하는 과정에는 반드시 갈등이 발생한다. 외부의 장애물뿐만 아니라 조직 내부의 저항이 있는 경우도 많다. 따라서 현재의 상황을 고려한 현실적인 전략을 준비할 수 있어야 하고 그 전략을 공유해야 한다. 선한 의도든 악한 의도든 어떤 시도를 했다가 물러설 때는 그에 상응하는 대가를 지불해야 한다. 점핑을 할 때도 마찬가지다. 성공했을 때는 축배를 들 수 있지만 실패했을 때는 어떤 형태로

든 대가를 지불해야 한다. 점핑 포인트가 기회의 순간이기도 하지만 동시에 위기의 순간이 될 수도 있음을 명심하라.

일단 점핑을 했다면 그 의미를 명확히 하고, 성과의 열매를 직원들과 함께 나누어야 한다. 전쟁에 승리한 왕이 장수들에게 전리품을 나누어주는 것과 마찬가지다. 고생한 만큼의 분배가 이루어지지 않으면 조직원들은 다음 점핑에 필요한 행동을 하지 않고 적극적으로 응하지 않는다. 또한 승리의 축배를 들고 나서는 조직원들의 시선을 다음 점핑 포인트를 바라볼 수 있게끔 해야 한다. 그렇지 않으면 과거를 바라보면서 자만에 빠지기 십상이다. 사장은 다음 점핑을 위해 조직적으로 에너지를 비축해야 한다. 마지막 목표에 도달할 때까지 이 과정은 반복된다.

씨 뿌리는 곳과
열매 맺는 곳은 다르다

당장 열매를 거둘 수 없다고 해서
씨 뿌리는 일을 멈춰서는 안 된다.
열매를 얻고자 한다면 계속해서 씨를 뿌려야 한다.
씨 뿌리기를 멈추는 순간
'우연한 성공'은 찾아오지 않는다.

한 농부에게 날마다 황금 알을 한 개씩 낳아주는 거위가 있었다. 거위가 알을 낳을 시간이 되면 그 농부는 모든 일을 제쳐두고 거위가 있는 곳을 찾았다. 농부는 그 거위 덕분에 부자가 될 수 있었다. 그러던 어느 날 농부는 기발한 상상을 했다. '저렇게 매일 황금 알을 낳는 걸 보면 거위 배 속에는 분명 큰 황금 덩어리가 들어 있을 거야.' 농부는 과감히 거위의 배를 갈랐다. 그러나 거위의 배 속에 황금 덩어리는 없었다. 농부는 땅을 치며 후회했지만 이미 거위는 죽은 뒤였다. 이제 더 이상 황금 알을 얻지 못하게 된 것이다. 정작 농부가 해야 할 일은 그 거위가 병이 나지 않도록 먹이를 주고 보살피는 일이었다. 그렇게만 했다면 평생 황금 알을 얻을 수 있었을 것이다.

잘 나가는 기업들은 무엇으로 돈을 버는가

우리나라의 대표적 할인점인 E사는 전반적으로 상품가격이 저렴하다. 특히 공산품 가격 경쟁력이 높은 편이다. 그들은 자신감과 의지에 넘쳐 '최저가격 보상제'와 같은 정책을 시행했다. 조직적인 부담감을 감수하면서도 그런 정책을 실행한 이유는 고객을 모으기 위해서였다. E사는 신규 점포를 출점하는 데 있어서 기존의 번화한 상권을 선택하지 않는다. 현재는 상권이 형성되어 있지 않더라도 장기적으로 봤을 때 상권 형성이 가능한 지역의 땅을 매입하여 할인점을 오픈한다. 실제로 그들의 집객集客 능력은 해당 점포 주변을 높은 가치가 있는 상권으로 탈바꿈시킨다. E사가 입점하고 나면 해당 지역의 땅값이 몇 배로 상승하는 것이다. E사는 물건을 팔아서 내는 이익보다는 지가地價 상승으로 얻는 이익이 훨씬 클 것으로 보인다. 최저가를 무기로 한 E사의 집객 능력이 지가 상승이라는 황금 알을 낳고 있는 것이다.

미국에서 맥도날드 본사는 햄버거 회사가 아니다. 오히려 부동산 회사로 보는 것이 더 타당하다. 맥도날드 본사는 새로운 매장을 열 땅을 선정한 다음 사거나 또는 빌려서 가맹점에 임대(매출액의 일정 비율을 임대료로 책정)하는 방침을 유지하고 있다. 실제로 맥도날드는 1982년에 시어즈 로벅(미국의 대형 소매상)을 따돌리고 소매업계에서

미국 최대의 부동산 소유 회사가 되었다. 맥도날드가 업계 제일의 식품으로 막대한 이익을 올릴 수 있었던 것도 사실은 방대한 부동산을 가지고 있었기에 가능했던 일이다.

씨 뿌리는 곳과 열매 맺는 곳이 다르다

씨를 뿌려야 열매를 거둘 수 있다는 진리는 자연의 세계뿐만 아니라 사업에서도 그대로 통용된다. 단, 사업에서는 씨 뿌리는 곳과 열매 거두는 곳이 다를 때가 많다는 사실에 유념해야 한다. 씨를 뿌린 바로 그곳에서 열매를 거둘 때도 있지만, 그곳에서는 거의 열매를 거두지 못하고 전혀 다른 곳에서 열매를 거두는 경우가 더 많다.

우리나라 유명 호텔 중 한 곳은 전체 수익의 절반 이상을 면세점에서 거둔다. 그러나 호텔 비용의 80퍼센트 이상은 객실을 관리하는 데 사용하고 있다. 호텔 브랜드와 객실 관리에 주로 비용을 사용하고 면세점에서 주 수익을 얻는 것이다. 만약 이 호텔이 비용 대비 수익만 생각해서 객실 운영 없이 면세점만 운영한다면 어떻게 될까? 곧 망하고 말 것이다. 호텔 브랜드의 힘이 사라지기 때문이다. 호텔은 씨 뿌리는 곳과 열매 거두는 곳이 같지 않은 사업의 대표적인 경우다.

중고차 사업을 할 때 가장 필요한 능력은 무엇일까? 바로 좋은 중고차를 저렴하게 사는 것이다. 신차 사업이 잘 파는 것에 초점을 두는 것과 달리 중고차 사업의 초점은 잘 사는 데 있다. 그런데 중고차 사업에서도 돈 버는 사람은 따로 있다. 바로 명의변경을 대행해주는 사람이다. 중고차 매매를 할 때에는 반드시 명의변경이 필요하고, 각 중고차 센터의 지주는 몇 명의 직원을 둬 그 일을 독점하고 있다. 중고차 세일즈를 하는 사람 입장에서는 얼마 되지 않는 돈을 위해 자신의 시간을 쓰기보다는 대행을 맡기는 것이 훨씬 이득이기 때문에 대부분 이를 대행시킨다. 그러나 '명의변경'이라는 길목을 차지한 업체는 소소한 수익을 모아 큰 수익을 만들어낸다. 사람들이 북적거리는 백화점 지하의 에스컬레이터 앞 한 평짜리 아이스크림 코너를 백화점 오너의 친인척이 운영하는 것과 같은 이치다. 달리 말하면 재주를 부리는 사람과 돈을 버는 사람이 다른 것이다.

성공을 만들어내고 이를 유지해나가는 대부분의 사업들은 직접적으로 얻는 열매 외에, 경쟁자가 쉽게 파악하기 어려운 제3의 장소에서 열매를 얻는 경우가 많다. 다른 사람들이 보지 못하는 곳에서 실제 열매를 거두는 사람들은 경쟁자의 공격으로부터 훨씬 안전하게 자신을 보호할 수 있다. 씨를 뿌리는 곳과 열매를 거두는 곳이 다른 경우가 훨씬 많다는 것이 사업의 독특한 특징 중 하나다.

눈에 보이지 않는 연결이 있다

자연의 세계에서는 언제나 씨를 뿌린 자리에 열매가 맺히지만 사업의 세계에서는 그렇지 않은 경우가 많다. 오히려 씨를 뿌린 곳이 아닌 주변의 다른 곳에 열매가 맺히는 경우가 훨씬 더 많다. 그러나 씨를 뿌린 곳에서 열매가 열리지 않는다는 이유로 씨 뿌리기를 멈춘다면 어느 곳에서도 열매를 거둘 수 없다. 열매를 맺는 곳과 씨를 뿌린 곳 사이에는, 우리 눈에 잘 띄지 않지만, 보이지 않는 연결이 분명히 존재하기 때문이다.

이는 사업에서 우연으로 이루어지는 성공이 많다는 점에서도 검증할 수 있다. 이미 성공한 사업가들은 자기 성공의 절반 이상이 의도적 계획이 아닌 우연에 의해 만들어졌다고 말한다. 그러나 그들이 말하는 우연으로 만들어진 성공들은 '우연처럼 보이는 필연'이었다고 해석하는 것이 옳다. 다른 곳에 뿌려졌던 씨앗들이 보이지 않는 연결을 통해 우연이라는 형태로 열매를 맺는 것이다.

이와 같은 사업의 특징이 부정적으로 활용되는 경우도 있는데, 바로 부동산 투기다. 스스로는 어떤 투자나 노력도 하지 않으면서 신도시 개발이나 도로 개설 등 정부 정책을 이용하여 발생한 지가 상승이라는 부가가치를 따먹고 있는 것이다. 처음에는 소수의 부동산

업자들이나 하던 일을 이제는 전 국민이 따라하고 있다. 씨를 뿌리는 사람은 없고 열매를 얻으려는 사람만 늘고 있는 것이다. 앞에서 예를 든 E사처럼 스스로 뿌린 씨앗의 열매를 가져가는 것은 지혜로운 행위지만, 부동산 로또를 기대하며 머리를 굴리는 것은 스스로의 삶과 사회를 망가뜨리는 행위가 될 수 있다. 씨를 뿌리지 않고 열매를 거두는 것에 익숙해진 사람들이 가득한 사회는 곧 무너지고 말 것이다.

씨 뿌리기를 멈추면 우연한 성공도 없다

이제 '씨와 열매'의 관점을 통해 사업에 적용할 수 있는 접근방식들을 정리해보자.

첫째는 씨를 뿌린 자리에서 얻을 수 있는 열매가 무엇인지 생각해야 한다. 씨를 뿌린 곳에서 바로 많은 열매를 거둘 수 있다면 행복한 일이다. 그러나 강력한 경쟁자가 바로 출현할 것이기에 이를 생각하고 대비해야 한다. 달콤한 열매는 누구나 탐을 내기 때문이다. 눈에 보이는 성공에 대해서는 거의 도적 떼처럼 경쟁자들이 들러붙는 것이 사업의 현실이다.

둘째는 자신이 원하는 열매를 얻기 위해서 어디에 씨를 뿌려야 할지를 생각해야 한다. 실제로 성공을 반복하는 기업들 대부분은 씨를 뿌린 그 자리보다는 다른 영역에서 열매를 취하는 경우가 더 많다. 초보 사장이 실패하는 이유도 대부분 여기에 있다. 사업을 시작한 후에야 보이지 않는 투자에 대해 깨닫게 되기 때문이다. 따라서 경험이 없는 사업을 시작할 때는 그 업계에서 이미 성공한 사람들을 먼저 살피는 것이 꼭 필요하다. 그러면 눈에 보이는 성과를 만들어낸 보이지 않는 투자들이 있었음을 확인할 수 있을 것이다. 그러한 대부분의 투자는 실패의 형태로 남아 있어서 쉽게 포착하기 어렵지만, 씨와 열매의 관점으로 파고들면 그 흔적들을 찾는 것이 그다지 어렵지 않다.

셋째는 현재의 사업을 바탕으로 또 다른 사업으로 연결할 수는 없는지 상상해보는 것이다. 모든 일을 처음부터 다 알고 시작할 수는 없다. 또한 사업을 이미 시작한 후에 새로운 깨달음을 얻었다고 해서 기존의 일을 다 접을 수도 없는 일이다. 그러나 현재의 사업을 기반으로 새롭게 접근할 수 있는 일을 강구해볼 수는 있다. 우리 생활에서 필수품으로 분류되는 정수기의 필터는 원단을 연구하는 과정에서 부산물로 얻어진 것이고, 통상 포스트잇으로 불리는 3M의 접착식 메모지는 강력한 접착제를 얻고자 실험하는 과정에서 얻어낸 실패작이 모티브였다. 치과에서 쓰는 마취제는 외과 수술에 쓰기에는 마취 효과가 너무 짧아서 실패작이었던 것을 발전시킨 경우다. 한 영역에서 실패한 것이지만 다른 부문에서는 새로운 아이디어와 혁신 제품으로 사용된 사례는 주변에서 얼마든지 찾아볼 수 있다.

당장 열매를 거둘 수 없다고 해서 씨 뿌리는 일을 멈춰서는 안 된다. 열매를 얻고자 한다면 계속해서 씨를 뿌려야 한다. 성공의 절반 이상이 우연으로 만들어졌다는 사람들의 증언은 진실이면서도 허구이기도 하다. 앞서 이야기한 것처럼 눈에 보이는 것은 우연일지 모르지만 실제는 '우연처럼 보이는 필연'이기 때문이다. 씨가 뿌려진 곳과 열매가 열리는 곳 사이의 눈에 띄지 않는 연결을 반드시 기억하라. 일단 사업을 시작했다면 쉬지 않고 씨를 뿌려야 한다. 씨 뿌리기를 멈추는 순간 '우연한 성공'은 찾아오지 않는다.

씨와 열매라는 관점에서 생각하면 '오늘today'은 '어제 뿌린 씨앗의 열매를 거두고, 내일의 열매를 기대하면서 씨를 뿌리는 시간'이다. 즉, 오늘이란 열매를 거두는 동시에 씨를 뿌리는 시간인 것이다. 일반적으로 열매를 거두는 데 70, 씨를 뿌리는 데 30의 힘을 사용하라고 말한다. 그러나 수치는 중요하지 않다. 중요한 것은 열매를 거두고 씨를 뿌리는 일이 동시에 이루어져야 함을 알고 실행하는 것이다. 만약 미래에 대한 기대가 없다면 열매를 거두는 데만 100의 힘을 사용하는 것도 현명한 행위다. 또한 초보 사장이라면 100의 힘을 씨 뿌리는 데 쓰는 것을 당연하게 여겨야 한다. 힘들고 외로운 시간을 견뎌낼 줄 알아야 한다.

효과의 단계를 넘어야
효율을 추구할 수 있다

효율을 얻기 위해서는
일단 효과의 단계를 거쳐야 한다.
따라서 자신의 사업에 있어서
효과를 낼 수 있는 포인트를 미리 예상하고,
그 효과 포인트를 넘을 수 있는
나름의 방법을 모색해야 한다.

결혼 후 처음 집들이를 하는 새댁은 분주하다. 주방은 말 그대로 난리법석인데 기껏 완성한 요리는 몇 가지 되지 않는다. 결국은 친정 엄마에게 도움을 구하는 상황에 처한다. 그러나 두 번, 세 번 집들이를 반복하다 보면 요령이 생긴다. 처음에 비해 비용도 아끼고, 집들이 후 남은 음식을 해결하는 방법도 터득하게 된다. 처음에는 집들이 자체에만 초점을 맞추지만 경험이 더해지면서 소요되는 시간과 비용, 손님 변동에 따른 음식의 양도 조절할 수 있게 된다. 이는 효과 중심으로 했던 생각과 행동이 점차 효율 중심으로 변하고 있는 것을 보여준다.

효과의 때와 효율의 때를 구분해야 한다

효과效果란 결과의 크기가 일정한 기대치를 넘어선 것을 말한다. 그 결과를 얻기 위해 얼마를 투입했느냐는 상관이 없다. 결과가 일정 크기 이상인가 하는 것이 중요하다. 효율效率이란 결과를 투입으로 나눈 수치(비율)다. 같은 결과라면 투입의 크기가 작을수록 효율이 크고, 투입의 크기가 같다면 결과의 크기가 클수록 효율은 더 커지게 된다.

효과가 기준이 되어야 할 때와 효율이 기준이 되어야 할 때를 구분하지 못하면 큰 낭패를 당할 수 있다. 집에서 음식을 만드는 것과 전문음식점을 운영하는 것은 언뜻 보기엔 비슷해 보여도 완전히 다른 일이다. 전자가 음식이라는 효과 중심의 행동이라면, 후자는 음식이라는 주제를 가지고 사업을 해야 하는 효율 중심의 행동이기 때문이다. 실제로 사업은 효과가 아닌 '효율의 게임'이다. 효과는 사업의 기본적인 요건일 뿐 사업의 성패는 효율에 달려 있다. 사장의 역량이 큰 비중을 차지하는 이유도 여기에 있다. 얼마나 효율을 추구할 수 있느냐가 사업의 성패를 좌우하기 때문이다.

효과의 단계를 지나야 효율을 추구할 수 있다

전문적으로 산을 다니는 사람과 일반 등산객이 같은 장소에서 산행을 시작한다고 가정해보자. 첫날의 속도는 거의 같을 것이다. 차이는 둘째 날부터 나타난다. 등산 전문가는 본래 계획대로 아침 7시면 다음 목표를 향해 출발하지만, 일반인들은 전날 무리한 데다 늦잠까지 자게 되어 두세 시간 출발이 늦어지는 것이 보통이다. 셋째 날에는 더 큰 격차가 벌어진다. 결국 3~4일이 지나면 전문가와 일반인의 차이는 거의 두 배 이상으로 커진다. 전문가들의 행동 기준은 대부분 '효율'에 맞추어져 있다. 그러나 아마추어들은 대부분 '효과'를 기준으로 행동한다. 여기에서 전문가와 아마추어를 구별할 수 있다. 취미 생활을 사업으로 발전시켰다가 실패하는 경우가 많은 것도 이 때문이다. 취미로 할 때는 '효과'가 기준이었지만 그것이 사업이 되면 기준이 '효율'로 바뀌어야 한다.

처음부터 효율을 추구할 수 있다면 더 이상 바랄 게 없겠지만, 효율은 효과의 단계를 지난 후에야 추구할 수 있음을 꼭 기억해야 한다. 대부분의 사업에서 처음부터 효율을 추구하기란 거의 불가능하다. 효율을 얻기 위해서는 일단 효과의 단계를 거쳐야 한다. 따라서 자신의 사업에 있어서 효과를 낼 수 있는 포인트를 미리 예상하고,

그 효과 포인트를 넘을 수 있는 나름의 방법을 모색해야 한다.

사업할 때 첫 번째 효과의 포인트는 대부분 손익분기점^{BEP, Break Even Point}이 된다. 손익분기점이란 수입과 지출이 같아져서 이익은 없지만 손실도 없는 상태를 말한다. 손익분기점을 넘기지 못하면 비용을 차입해야 한다. 사업을 시작하고 일정 기간이 지난 후에도 손익분기점을 넘기지 못하면 사업을 접을 수밖에 없다. 따라서 손익분기점에 도달하기까지는 효과의 기준으로 행동해야 한다. 다소 거칠고 비효율적인 면이 있다 해도 최대한 빠른 시간 내에 손익분기점을 넘기기 위해 노력해야 한다.

경영학 교수나 경영 컨설턴트 등 경영 이론가들은 대부분 효율을 연구하고 추구한다. 그래서 이미 존재하는(효과의 단계를 넘어선) 기업에 대해서는 조언을 줄 수 있지만, 아직 효과의 단계를 넘어서지 못한 기업에게는 사실 별 도움을 주지 못한다. 많은 것을 알고 있는 경영 이론가들이 스스로의 기업을 일구지 못하는 이유도 여기에 있다. 그들은 효율을 추구하는 데 익숙할 뿐, 효과를 만들어내는 데는 익숙하지 못하기 때문이다. 먼저 효과를 얻은 다음에야 비로소 효율을 추구하는 것이 가능하기 때문이다.

처음 사업을 시작할 때 그 분야에서 성공한 기업을 벤치마킹하는 것은 큰 도움이 된다. 이때 유의할 점이 있다. 성공한 기업을 연구하고 배울 때는 반드시 성공으로 평가받기 이전의 모습에 주목해야 한다. 성공한 기업의 현재 모습은 모두 효율 중심의 시스템을 갖추고 있기 때문이다. 그러나 그 기업도 처음에는 효과의 단계를 넘기 위한 시행착오와 고생의 흔적이 있었으며, 새롭게 시작하는 초보 사장이 배워야 할 것은 효과 시기의 행동들이다.

효과를 추구하는 시기는 효율을 추구하는 시기에 비해 에너지는 많이 쏟아붓고 있지만 돈은 벌지 못하는 시기다. 그저 생존할 수 있을 뿐이다. 쉽게 말해 눈사람을 만들 때 가운데 덩어리(스노우볼)를 만드는 시간에 해당한다고 할 수 있다. 어떤 일이든 새로 시작하는 것이 어려운 이유도 여기에 있다. 효과를 추구하는 시기에는 부가가치를 만들어내기가 어렵다. 그래서 많은 사람들이 처음부터 효율을 얻으려고 시도한다. 하지만 아무리 숙달된 사람도 처음부터 효율을 얻지 못한다. 효과의 기간을 넘어선 후에야 비로소 효율을 추구하는 것이 가능해진다.

효율을 추구하는 시기에 돈을 번다

사업의 성패는 효율에 달려 있기 때문에 반드시 전문성을 추구해야 한다. 어떤 일에서든 지식이나 전문성 없이 성공을 기대하기란 어렴다. 그 일에 대해 최소한의 효과를 얻을 수 있는 지식과, 지속적으로 효율을 추구할 수 있는 전문성을 갖추었을 때만 성공을 계획하고 행동할 수 있다. 돈을 좇아서, 유행 아이템을 좇아서 하는 사업이 위험한 이유가 여기에 있다. 어떤 일이든 그 일의 효과를 얻기까지는 절대적인 시간과 노력이 지불되어야 한다. 그리고 효과의 단계를 넘어서 효율을 추구하는 시기에 비로소 돈을 벌게 된다.

효과를 얻은 후에는 반드시 효율을 추구하는 노력이 뒤따라야 한다. 효과를 얻기 전에는 절대우위에 있는 것을 중심으로 활동했다면 효율의 시기에는 상대우위에 있는 것을 중심으로 활동해야 한다. 이전에는 사장이 모든 부서의 업무를 관장했다면 이제는 각 부서를 책임지고 경영할 수 있는 부서장을 육성하는 데 힘을 기울여야 한다. 만약 효율을 추구해야 하는 시기에도 여전히 효과만을 추구하고 있다면 그 사업은 크게 성장할 수 없다.

효과에서 효율로 성과의 포인트가 바뀔 때, 또는 효과에서 효율로 의사결정 기준이 바뀔 때 사장은 반드시 함께 일하는 직원들에게 그 기준을 알리고 공유해야 한다. 효과에서 효율로 기준이 바뀐다는 것은, 직원들의 입장에서는 이전보다 상황이 좀더 빡빡해지는 것을 의미할 수도 있고 이전과는 다른 공헌을 요구받는 일일 수도 있기 때문이다. 또한 상대우위나 생산성 등 효율을 기준으로 하는 것은 전략적 측면이 강해서 직원들이 쉽게 이해하지 못할 수도 있다. 역사적으로 개국공신들이 나라가 안정된 후에 토사구팽兎死狗烹 당한 이유도, 성과의 기준이 바뀌었음에도, 자신들에게 익숙한 과거의 기준을 생각하고 요구했기 때문이다. 기업의 의사결정 기준이 효과에서 효율로 바뀌는 시점에는 조직 내 각 사람들이 해야 할 역할에 대해서 스스로 조정할 수 있는 분위기를 만들어야 한다.

효과를 얻고자 하는 곳에 효율을 제공하라

효과를 원하는 사람에게 효율을 제공할 때 사업성과가 가장 커진다. 결혼식장, 장례식장 등을 떠올리면 쉽게 이해할 수 있다. 대부분의 사람들은 일생에 한 번 경험하는 일에 효과를 중시할 수밖에 없다. 그런 상황에서 업자들은 효율을 추구한다. 폭리나 바가지가 성행하는 것도 그런 이유다. 전쟁이나 재난 등 위기상황에서도 대부분의 사람들은 효과를 추구한다. 수요보다 공급이 절대적으로 부족하기 때문이다. 실제로 전쟁이나 천재지변 등 사회적 패러다임이 효과를 추구하는 시기에 부를 축적한 사람들의 이야기는 너무나 많다. 일반적으로 선진국에 비해 후진국에 시장기회가 많은 이유도 여기에 있다. 선진국보다는 후진국에 효과를 지향하는 영역이 더 많기 때문이다.

인터넷 비즈니스 모델로 정착되고 있는 '티끌 모아 태산'도 같은 맥락에서 생각할 수 있다. 클릭하는 사람들에게는 오백 원, 천 원이 부담 없는 돈이지만, 수십만 명이 모이면 수천만 원에서 수십억 원이 될 수 있기 때문에 사업이 되는 것이다. 한 통에 2,000원씩 하는 ARS 전화가 기부문화의 한 축이 된 것도 효과를 얻고자 하는 사람에게 효율을 추구하는 방식이 바탕에 깔려있다.

자신의 사업이 효과의 단계를 넘어섰다고 생각한다면 스스로에게 질문해보라. '나는 효율을 제공할 수 있는 상황에 있는가?' 만약 그렇다면 효과를 얻고자 하는 사람들을 찾으려 노력해야 한다. 거기에 돈 되는 기회가 있다. 성공을 거둔 사람들의 삶 속에는 효과를 원하는 사람들에게 효율을 제공했던 이야기가 무수히 담겨져 있다. 실제로 혼돈과 변화의 시기는 준비된 사람들에게는 매우 유용한 사업 기회가 된다. 한국전쟁이라는 혼돈의 시기에 일본은 경제 부흥의 기초를 마련했고, 인터넷이라는 변화의 바람이 있었기에 빌 게이츠는 거부가 될 수 있었다. 물론 그 기회를 활용할 수 있는 능력이 준비된 사람들에게만 적용되는 이야기다.

초보 사장이라면 효과의 기간을 단축시킬 수 있는 방법을 찾기 위해 사전에 준비해야 한다. 효과의 기간이 짧으면 짧을수록 실패 확률을 낮출 수 있기 때문이다. 또한 효율을 추구하기 위해 끊임없이 노력해야 한다. 동일하게 주어진 환경에서 효율을 극대화시킬 수 있는 사람과 기업이 더 많은 돈을 벌 수 있기 때문이다. 사업이란 효과의 단계를 넘어선 사람들에게만 허용되는 효율의 게임이다.

양이 축적되어야
질적 변화가 만들어진다

대가를 지불하지 않고
얻을 수 있는 결과는 없다.
따라서 의도했던 결과가 아니라고
성급하게 화를 내거나 포기할 것이 아니라,
기대하는 결과를 만들어낼 만큼
충분한 양적 축적이 있는가를 먼저 살펴야 한다.

17년 전의 일이다. 신입사원을 대상으로 강의를 끝내고 사무실로 돌아왔는데, 캔커피 하나와 쪽지가 남겨져 있었다. "저도 나중에 선배님처럼 멋진 강의를 하는 사람이 되었으면 좋겠습니다. 오늘 강의 정말 유익했고 특히 재미있었습니다. 감사합니다." 쪽지를 남긴 사람이 누군지는 알 수 없었지만 글투로 보아 그날 강의에 참석했던 신입사원이 틀림없는 듯했다.

문득 그로부터 5년 전의 내 모습이 떠올랐다. 처음 회사에 입사해서 여러 교육을 받으면서 참 매력적으로 강의하는 선배를 봤는데, 그분의 두 번째 강의를 듣고 나서 감사의 마음으로 캔커피 한 개와 "유익한 강의 감사합니다."라는 쪽지를 남겨두었었다. 그런데 5년 후 내가 같은 쪽지를 받은 것이다. 나 스스로는 느끼지 못했지만 5년이라는 시간이 내게 어떤 변화를 가져다 준 것이다. 개인적으로 오랫동안 준비하고 노력해온 것이 다른 사람으로부터 인정받는 순간이었다.

양이 쌓이면 어느 순간 질적인 변화가 온다

회의를 할 때의 적정 인원은 5~7명이다. 그 정도의 인원이 모일 때 회의는 가장 효과적으로 진행된다. 그 이상이 모이면 팀이 아닌 군중이 되어버린다. 한두 동의 아파트가 모여 있으면 그냥 아파트라고 하지만 일정 규모 이상이 되면 단지가 된다. 단지가 되면 법적으로 갖추어야 할 요건들이 생기고, 개별 아파트보다 매매가가 더 높아진다. 대한민국 국회에서 원내 교섭단체를 구성하려면 20명 이상의 국회의원을 확보해야 한다. 19석과 20석은 교섭단체를 구성하느냐 못하느냐를 가름한다. 여기에서는 20이라는 숫자가 당의 존폐 여부에 영향을 주는 양질전환量質轉換의 분수령이 되는 것이다.

"양量적인 것들이 쌓이면 어느 한순간 질質적인 변화가 일어난다." 이것이 양질전환의 개념이다. 일정 규모 이상의 양이 축적되면 인식의 변화, 물리적 변화, 화학적 변화가 일어난다는 뜻이다. 자연계에서도, 한 개인에게서도, 일반 사회에서도, 사업에서도 이런 변화는 수시로 일어난다. 중요한 것은 양질전환이 일어났을 때 그 결과는 그 이전의 상태와 크게 다르다는 것이다.

컴퓨터는 양질전환을 만들어낸 대표적인 도구다. 컴퓨터 안에서 처리되는 논리logic는 모두 인간이 주입programming한 것이지만, 처리속도가 빨라지면서 컴퓨터가 스스로 생각하고 판단하는 것이 아닌가 싶은 착각을 불러일으킨다. 빠른 처리 속도를 가진 컴퓨터라는 도구가 있어서 과거에는 불가능했던 일이 지금은 가능한 일로 바뀌게 되었다.

양(量)에서 질(質)로 전환되는 포인트

전국적인 유통망을 가진 회사에서 한 지역의 매출이 20퍼센트 이상을 차지하면 보통은 그 지역을 독립시켜서 운영한다. 하나였던 본부가 두 개가 되는 것이다. 예전과 같은 시스템으로 운영하면 발생하는 비용이 더 커지기 때문이다. 반대로 매출이 일정 규모 이하로 줄어들면 다시 통합하기도 한다. 매출 규모에 따라 운영 시스템이라는 질이 바뀌는 것이다.

군에서는 특수부대를 제외하고는 보통 아홉 명을 1개 분대로 구성한다. 그리고 4개 분대를 합쳐서 소대라 부른다. 이런 방법으로 중대, 대대가 구성된다. 훈련 시에는 분대 전투, 소대 전투, 대대 전투 등 구사하는 전술이 달라진다. 단지 인원이 더 늘어났을 뿐인데 말이다. 인원이 늘어나면 구성이 달라지고 운용하는 방법도 달라진다. 질적인 변화가 생기는 것이다.

양질전환이 일어나는 포인트를 정확히 아는 사람을 우리는 전문가라 부른다. 얼마의 잉태기간이 있어야 새끼를 낳을 수 있는지를 아는 수의사, 멈추어 있는 물체를 움직이는 최대 마찰력의 크기를 계산할 수 있는 물리학자, 몇 번의 적절한 노출이 있어야 사람들에게 의도한 메시지를 전달할 수 있는지를 아는 광고 전문가 등이 그렇다. 이들은 의도한 결과를 얻을 수 있는 양질전환의 포인트를 잘 알고 있다. 그래서 그들은 지금이 계속해야 하는 때인지 아니면 포기해야 하는 때인지를 구분할 수 있도록 도와준다. 사장이라면 자신이 하고 있는 사업만큼은 전문가가 되어야 한다. 모든 일에 대해서 속속들이 알아야 한다는 의미가 아니라, 언제가 양질전환의 지점인지를 파악할 수 있어야 한다는 뜻이다.

중소기업의 운영 시스템과 중견기업, 대기업의 운영 시스템이 다른 이유는 단 하나다. 규모가 다르기 때문이다. 규모가 달라지면 운영방식도 달라져야 한다. 그렇지 않으면 어려움에 처할 수밖에 없다. 그렇기에 더더욱 사장은 자기 사업의 양질전환의 지점을 알아야 하고, 그에 맞춰 적절하게 대응해가야 한다.

사장 외에 조직의 구성원들이 양질전환의 지점을 인식하고 공유할 수 있다면 목표한 성과를 내는 시간은 더 빨라질 것이다. 지금이 씨를 뿌려야 할 때임을 아는 조직원이라면 현재 열매가 없음을 탓하기보다는 일정 시간 후에 열릴 열매를 바라며 더 노력할 것이다. 열매가 열리는 양질전환의 시기에는 한 개의 열매라도 더 따기 위해 노력할 것이고, 조직 내에는 활기가 넘칠 것이 분명하다. 양질전환의 때를 인식하고 구분할 줄 아는 사람은 조직 내 어떤 위치에서 일하더라도 귀하게 대접받을 자격이 있다.

양이 충분히 쌓였는지 살핀다

질적인 변화가 일어날 때까지 투입되는 자원과 시간은 투자의 개념으로 이해해야 한다. 스타가 될 때까지의 무명 시절, 나비가 되기 전까지의 알과 애벌레 그리고 번데기로 존재하는 기간, 지진이 발생할 때까지의 에너지 축적 등 눈에 보이는 모든 결과는 일정 기간 쌓아온 양적인 투자를 바탕으로 하고 있다. 대가를 지불하지 않고(투자 없이) 얻을 수 있는 결과는 없다. 따라서 의도했던 결과가 아니라고 성급하게 화를 내거나 포기할 것이 아니라, 기대하는 결과를 만들어 낼 만큼 충분한 양적 축적이 있는가를 먼저 살펴야 한다. 그러면 기다려야 할 때와 조치를 취해야 할 때를 구분할 수 있다.

의도했든 의도하지 않았든 간에 많은 양이 쌓인 곳에는 기회가 있다. 양질전환까지의 시간을 단축할 수 있기 때문이다. 개인이 기존에 해오던 일에서 쉽게 벗어나지 못하는 이유는 이런 개념을 본능적으로 알고 적용하기 때문이다. 기업이 다른 기업의 인수합병M&A을 통해 성장전략을 수립할 때도 양질전환의 개념이 효과적으로 활용될 수 있다. 어느 정도 규모로 성장했음에도 질적인 전환을 일으키지 못한 기업을 물색하는 것이다. 양적인 것을 조금만 더 쌓음으로써 질적 전환이 이루어지는 기업을 찾아낼 수 있다면 적은 투자로 훨씬 더 많은 결과를 얻어낼 수 있다.

과반수라는 개념이 있다. 49퍼센트와 51퍼센트는 분명 다르다. 51퍼센트를 갖고 있다는 것은 전체를 대표할 수 있다는 뜻이다. 따라서 100 중 50이라는 수치는 양질전환의 지점이 된다. 만약 의사결정에 절대적인 영향력을 발휘하려면 '49'가 아닌 '51'이라는 숫자를 가져야 한다. '+2'를 만들어냈다면 지금까지 쏟아낸 노력보다도 훨씬 더 많은 변화를 가져온다. 49에서 51로 수치가 바뀌는 순간, 새로운 신분이 주어지는 것과 동시에 더 많은 책임을 감당해야 하는 상황 속으로 들어가게 된다. +2의 의미를 알고 그 상황을 맞으면 기회가 되겠지만, 아무 생각 없이 그 상황을 맞으면 재앙이 될 수도 있다.

양질전환의 때에는 기회와 위험이 공존한다

테이블이 대여섯 개 정도였던 작은 음식점이 넓은 공간으로 이전해서 큰 음식점으로 바뀌고 난 후에 음식 맛이 떨어지고 서비스가 나빠지는 경우가 있다. 이전에는 주인이 직접 음식을 만들고 서빙을 했지만, 규모가 커져 종업원들을 고용하고 나니 가게 유지비용이 이전보다 더 많이 들 것이다. 손익분기점을 맞추려면 더 많은 손님을 받아야 하고, 그러다 보니 맛과 서비스에 소홀해진 것이다. 주인 부부의 넉넉한 마음만으로도 유지해왔던 이 음식점도 이제 시스템을 갖추어야 하는 상황에 처했다. 양질전환의 상황을 대비해 적절하게 준비를 했다면 이전보다 더 많은 돈을 벌겠지만, 그렇지 않다면 오히려 가게 문을 닫아야 하는 상황에 몰릴 수도 있다.

작은 규모로 시작한 기업이 일정 규모 이상으로 성장할 때도 위의 식당과 같은 상황이 벌어진다. 중소기업의 사장은 모든 부서의 부서장이다. 각 부서에서 일어나는 일을 누구보다 잘 알고 있고, 본인이 가장 능숙하게 처리하는 실무자이기도 하다. 그래서 중소기업의 사장은 정말 바쁘다. 일주일 이상 회사를 비운다는 것은 상상도 할 수 없다. 기업의 매출이 늘어날수록, 또 직원들의 수가 늘어날수록 사장의 역할은 더 커진다. 양질전환의 순간이 다가오는 것이다. 그래서 일정 크기 이상의 중견기업이 되면 회사를 운영하는 시스템이 달라져야 한다. 가장 먼저 사장 마인드가 바뀌어야 한다. 주요 부서마다 사장 마인드를 갖고 전문적으로 일처리를 할 수 있는 책임자들을 세워야 하기 때문이다. 사장이 오랜 시간 자리를 비워도 회사가 정상적으로 운영될 수 있는 시스템이 마련되어야 한다. 기업이 일정 규모 이상의 크기가 되면 사장의 기업 운영방식이 바뀌어야 하는 것이다.

자기 사업에서 양질전환의 때를 안다

양질전환의 관점을 바탕으로 다음 사항에 유념하자. 일정 크기 이상이 되면 저절로 질적 변화가 일어난다는 개념을 이해하고, 자기 사업에서 언제가 양질전환의 시기인지를 생각해보자. 중요한 것은 그 상황은 예고없이 찾아온다는 것이다. 그때가 언제인지를 찾는 것은 순전히 사장의 몫이다. 이를 위해서는 경험도 필요하고 어느 정도 감각도 필요하다. 사장이 현장의 분위기를 놓치지 말아야 하는 이유도 여기에 있다. 고객들을 직접 접하는 현장에서는 양질전환의 징후를 쉽게 포착할 수 있다. 그것은 마치 화산 폭발이 일어나기 전에 포착되는 징후들과 같다. 문제는 그 징후를 이해하고 소화할 수 있는 시각과 능력을 갖추는 것이다. 기업 발전의 역사나 기업 규모에 따른 경영 전략 등을 공부해야 하는 이유가 여기에 있다.

양질전환이 일어나는 상황은 기회이자 위험일 수 있음을 알고 그 상황을 적극적으로 수용하는 자세가 필요하다. 변화의 시기에는 늘 위험이 함께한다. 그러나 그 위험을 적극적으로 수용하면 그것은 기회로 바뀐다. 반대로 기회가 주어졌을 때 적절하게 수용하지 못하면 그 시기는 위험 상황이 된다. 따라서 변화의 시간을 예측하고 그에 따라 적극적으로 반응해야 한다. 양질전환의 순간은 기회인 동시에 위험의 시간이다. 사장은 항상 능동적이고 적극적인 마인드를 가져야 한다. 부정적이고 소극적이 되면 양질전환의 시기를 기회가 아닌 위험의 시간으로 받아들일 가능성이 높기 때문이다.

무조건적인 성장은 위험할 수 있다. 기업에서 확장 계획을 결정할 때마다 양질전환의 프리즘으로 상황을 살펴볼 필요가 있다. "이번 확장 결정이 질적인 변화를 초래하는 것은 아닌가?"를 묻고 확인하는 것이다. 사장이 평상시에 공부를 해야 하는 이유는 다른 사람들의 기업경영을 직·간접적으로 보면서 자신의 기업에도 적용될 어떤 상황에 대한 통찰력을 얻기 위해서다. 또한 조언자mentor들의 의견도 경청할 필요가 있다. 특히 양적 확장이 어떤 질적 변화를 가져올 수 있을지 유의해야 한다.

사업이란 거래를 만드는 게임이다. 아이템의 성격과 관계없이 거래를 시작하고 유지하면 된다. 2장에서는 거래를 시작하고 유지할 수 있는 효과적 접근방식을 설명하고 있다. 첫 거래를 시작하는 요령, 시작된 거래를 지속시키는 방법, 경쟁에 구애받지 않고 고객과 우호적 관계를 유지하는 방법에 대해 살펴보자.

2장

거래가 끊기면
돈도 끊긴다

– 거래를 만드는 요령, 거래를 유지하는 방법

받으려면
먼저 주어야 한다

주고받기가 균형을 이룰 때
그 관계는 유지된다.
만약 좋은 관계를 유지해왔던 상대의 반응이
언제부턴가 적극적이지도 긍정적이지도 않다면,
가장 먼저 기브 앤 테이크의 균형이
깨지지 않았는가를 살펴야 한다.

창가에서 새들의 지저귐을 들으면서 맞이하는 아침은 상쾌하다. 그렇다면 매일 아침 새들이 창문 옆에서 지저귀게 하는 방법은 없을까? 간단한 방법이 있다. 잎이 무성한 큰 나무를 심으면 된다. 그러면 자연스레 새들이 찾아들고 노래한다. 새들이 아침마다 창가에서 지저귀는 것은 우리 기분을 즐겁게 해주기 위해서가 아니다. 잎이 무성한 나무가 있기에 모이는 것이다. 새들에게 잎이 무성한 나무를 제공하면give 우리는 자연스레 상쾌한 아침을 맞이할take 수 있다.

아이들과 친해질 수 있는 방법은 무엇일까? 간단하다. 호주머니에 껌과 사탕을 넣고 다니면 된다. 웃는 얼굴로 껌과 사탕을 내밀면 아이들은 손을 내민다. 거의 예외가 없다. 처음에는 경계하고 꺼리다가도, 내가 재미있는 '거리'를 가진 사람이라는 것을 보여주고 조금 기다리면 아이들은 이내 웃으면서 다가온다. 웃는 얼굴, 껌이나 사탕, 호의적인 느낌을 아이들에게 전하면give 아이들과 금세 친해질take 수 있다.

기브 앤 테이크give&take 접근방식을 일과 사업에 적용해보자. 목적을 갖고 행사나 이벤트를 진행할 때는 그 대상이 누구냐에 따라 조금씩 운영방법을 달리해야 한다. 대상이 40~50대 중년 남자라면 반드시 '기-승-전-결'의 흐름을 따라야 한다. 그래야 체계적이고 준비가 잘된 행사라고 평가받는다. 반면에 보통의 아줌마를 대상으로 하는 경우에는 로맨틱한 분위기에서 진행하는 것이 효과적이다. 유명인사와 기념사진을 찍을 수 있는 기회와 자랑할 만한 기념품을 준비할 수 있으면 더욱 좋다. 행사가 끝나고 집에 돌아가서 동네 아줌마들에게 자랑할 만한 어떤 거리가 필요하기 때문이다.

어린아이들을 대상으로 행사를 준비할 때는 아이들의 상상력을 자극할 수 있는 무언가를 준비해야 한다.(일반적으로는 공룡과 같은 소품이 많이 사용된다.) 아이들은 자기들도 쉽게 할 수 있는 일에는 관심을 갖지 않는다. 그러나 새로운 것을 발견하면 호기심이 발동하여 흥미를 잃을 때까지 만져보고 움직여본다. 아이들에게 평소에 쉽게 접할 수 없는 어떤 것을 보여줄 수 있다면 그 행사는 평균 이상의 성공을 거둘 수 있다. 10~20대 젊은이들을 대상으로 할 때는 행사 초반에 마음을 사로잡는 무언가가 있어야 한다. '기-승-전-결'이 아닌 '승-승-전-결'의 진행을 유도해야 하는 것이다. 처음부터 감정을 최고조로 올려놓으면 그 다음에는 어떤 내용으로 진행하든 별로 상관하지 않는다. 스스로 흥분한 상태를 유지하기 때문이다.

이와 같이 모든 일에서 얻고자^{take} 한다면 먼저 주어야^{give} 한다. 사업에서는 먼저 주지 않으면 아무것도 얻을 수 없다. 만약 무엇인가를 먼저 얻어야 할 상황이라면 바짝 긴장해야 한다. 자신이 통제할 수 없는 상황에서 자신이 가진 중요한 무엇인가를 내놓아야 할 수도 있기 때문이다. 돈이 오가는 거래를 하는 사업에서는 그것이 상식이다.

얻을 때는 반드시 줄 것을 생각해야 한다

대학 졸업 후 홍보실에서 막 일을 시작했을 때 경험한 일이다. 업계의 한 기업에 대한 정보가 급하게 필요해서 업계지 기자에게 도움을 청했다. "저, B사의 ○○부문의 진행상황에 대해서 아는 것이 있으면……." 하고 말을 꺼내자 내 말이 떨어지기도 전에 상대 기자는 마치 기다렸다는 듯이 너무나 반갑게 "아! 그럼요. 도와드려야죠." 하고 대답했다. 말을 꺼내기 전에는 부담스럽게 여기지 않을까 걱정했던 나로서는 다소 의외였지만, 상대가 자발적으로 친절하게 도와주는 것에 감동했다. 그러나 비즈니스 초보자^{amateur}였던 나는 곧 당혹스런 상황에 빠졌다. 비즈니스 프로^{professional}였던 그 기자가 B사에 대한 정보를 제공한 대가로 당시에 금기시되었던, 사장님과의 인터뷰를 요청해온 것이다. 갑작스럽게 벌어진 상황을 수습하느라 땀깨나 흘렸지만, 얻고자 할 때는 반드시 줄 것을 각오해야 한다는 것을 확실히 배울 수 있었다. 사회생활을 조금 해보니 '기브 앤 테이크'는 거의 상식이었다. 모든 프로 비즈니스맨들에게 기브 앤 테이크는 기초 상식이었고, 그것을 모르는 사람들은 아마추어 취급을 받았다.

실제로 대가를 지불하지 않고 일어나는 거래는 없다. 한 번은 가능할지 몰라도 그 후로는 거래 자체가 불가능해진다. 모든 프로 비즈니스맨들은 반드시 기브 앤 테이크를 전제로 거래한다. 그렇지 않은 사람들은 아마추어로 취급받고, 곧 비즈니스 세계에서 퇴출되고 만다.

비즈니스에는 공짜가 없다

사기당할 가능성이 가장 높은 상황은 주는 것 없이 얻고자 할 때다. 만약 당신에게 아무것도 요구하지 않고 무언가를 주고자 하는 사람을 만났다면 거의 99퍼센트 사기꾼이라고 보아도 좋다. 그런데도 넘어가는 사람들이 많다. 사람들의 마음속에 조금 주고 많이 얻으려는 욕심이 자리하고 있기 때문이다. 수없이 많은 피해사례를 접하면서도 다단계 판매방식이 없어지지 않고 활개 치는 이유도 그 때문이다. 무엇인가를 얻고자 할 때 자신이 감수해야 할 것이 무엇인가를 생각한다면 웬만한 사기꾼에게는 넘어가지 않을 것이다.(그러나 고단수 사기꾼에게는 아무리 조심해도 당하기 십상이다. 그때는 피해를 줄이는 것이 상책이다.) 비즈니스 세계에는 공짜가 없다. 얻은 후에는 반드시 주어야 한다. 그것이 비즈니스의 기본 공식이다.

줄 때는 얻고자 하는 것을 분명히 하라

거래할 때 또 한 가지 유의해야 할 점은, 상대에게 무엇인가를 줄 때는 자신이 얻고자 하는 것을 분명히 해야 한다는 사실이다. 내가 상대를 살피는 것처럼 상대 역시 내가 무엇을 필요로 하는지 살피게 된다. 그때에 상대가 내가 필요로 하는 것을 잘못 파악하게 되면, 상대는 주었음에도 불구하고 내가 얻는 것이 전혀 없는 상황을 맞을 수도 있다.

첫걸음을 내딛은 사람들은 보통 실적을 중요하게 여긴다. 그래서 어떤 경우에는 실적을 얻기 위해 자기 비용을 쓰면서까지 거래를 성사시키기도 한다. 그러나 어느 정도 사업이 궤도에 올라가면 이익을 얼마나 내는지가 중요해진다. 만약 사업 초기에 거래했던 상대라면 여전히 실적을 올릴 수 있는 수준이긴 하지만 낮은 가격을 요구할 수 있다. 상대가 의사를 밝힌 후에 그것을 다른 것으로 수정하게 하려면 매우 힘든 과정을 거쳐야 한다. 처음부터 상대방에게 내가 얻고자 하는 것이 무엇인지를 분명히 알리는 것이 훨씬 효과적이다.

예의에 벗어나지 않는 범위에서 상대에게 내 필요가 무엇인지 이해하고 받아들일 수 있도록 전달하는 방법을 연구해야 한다. 분명 무언가를 얻고자 시작한 거래임에도 불구하고, 자신의 필요를 명확히 밝히기 위해서는 어느 정도 요령이 필요하다. 특히 상대가 자본가이거나 권력가인 경우에는 더욱 그렇다.(대부분의 소비자들은 스스로를 권력가로 생각한다.) 그들은 자신의 힘과 위치를 이용해 상대에게 조금 주고 많이 받는 것에 익숙하기 때문이다.

균형을 이룰 때 관계가 유지된다

주고받기가 균형을 이룰 때 그 관계는 유지된다. 만약 좋은 관계를 유지해왔던 상대의 반응이 언제부턴가 적극적이지도 긍정적이지도 않다면, 가장 먼저 기브 앤 테이크의 균형이 깨지지 않았는가를 살펴야 한다. 이것은 사업 외에 다른 관계에서도 마찬가지다. 좋았던 관계가 멈칫거린다면 이유는 단 하나뿐이다. 주고받음의 균형이 깨졌다고 상대방이 느끼기 때문이다.

일반적인 거래의 경우에는 '기대'도 중요한 변수로 작용한다. 상대의 실제 경험이 기대보다 만족스러운 경우에는 관계가 지속된다. 그러나 실제 경험이 기대에 못 미치거나 상대의 기대 수준에서 맴돌 경우에는 기존의 거래가 중단될 수 있다. 기대 정도의 만족을 얻었을 때는 경쟁 상대가 없는 경우에만 거래가 지속되기 때문이다. 새로운 경쟁자가 나타나면 새로움에 대한 호기심만으로도 기존에 해왔던 거래를 빼앗길 수 있다.

상대가 원하는 것을 주어라

배가 고픈 사람에게는 먹을 것을 주어야 한다. 물에 빠진 사람에게는 옷을 말릴 수 있는 모닥불을 피워주어야 한다. 배부른 사람에게는 아무리 좋은 음식을 주어도 별로 고마워하지 않는다. 겨울철에 여름옷을 선물하고, 여름철에 솜이불을 선물하는 경우도 마찬가지다. 하룻밤을 즐기려는 사람에게 정숙한 여인은 오히려 부담스런 존재로 느껴지고, 결혼 상대자를 찾는 사람에게 하룻밤 유희 상대는 한숨을 짓게 한다. 내가 중요하게 여기는 것이 아니라 상대가 원하는 것을 주어야 한다. 여기에서는 타이밍도 중요하다. 상대가 원하는 시기에 원하는 것을 줄 수 있다면 아주 작은 것을 주어도 상대는 큰 것을 받았다고 생각한다. 주고받음의 균형에 대한 판단은 비용이나 노력의 객관성보다 상대방이 어떻게 인식하느냐에 달려 있기 때문이다. 같은 것을 주고도 상대가 더 많이 가져가고 있다고 느끼게 할 수 있는 방법을 알고 있다면 가능한 한 많이 찾아내서 활용하는 것이 좋다. 공짜가 효과적인 이유가 거기에 있다. 100원을 지불하고 가져가라고 할 때와 공짜로 가져가라고 할 때의 반응은 하늘과 땅 차이다.

상대에게서 내가 원하는 것을 얻어내기란 쉽지 않다. 그러나 상대가 좋아하고 반응할 만한 것을 줌으로써 원하는 것을 얻어내는 방법들이 분명 있다. 근본적으로는 통제할 수 없는 것을 통제하는 기술이다. 그런 기술을 많이 알고 실행할 능력을 가진 사람이 전문가다. 일반 대중을 상대로 할 때 공짜는 큰 힘을 발휘한다. 직접적인 대가를 지불하지 않아도 된다는 것을 확인시킬 수만 있다면 짧은 시간 내에 큰 반응을 끌어낼 수 있기 때문이다. 그러나 공짜 전략도 자주 반복하면 효과가 감소한다. 공짜를 당연한 것으로 여기게 되기 때문이다. 상대가 기대하는 것보다 조금 높은 것을 제공할 수 있는 감각을 발휘하고 유지하는 것이 중요하다.

기브 앤 테이크 거래를 성공시키는 3단계

기브 앤 테이크 거래에 성공하는 요령을 정리해보자. 다음의 세 단계를 순서적으로 진행하면 상대도 만족하고 내가 필요한 것도 채울 수 있는 거래가 가능해진다.

첫째, 자신의 필요를 분명히 한다.

우리가 거래를 하는 이유는 무언가 필요하기 때문이다. 그것이 돈이든 명성이든 아니면 경험이든, 자기에게 필요한 것이 있기 때문에 거래를 하려고 하는 것이다. 따라서 성공적인 거래를 위한 첫 단계는 자신이 원하는 것, 자신이 필요로 하는 것을 분명히 하는 것이다. 초보 사장이 저지르는 대부분의 실수는 이 첫 단계를 분명히 하지 않는 것이다. 자신의 필요를 분명히 하지 않고 거래에 임하면 상대의 반응에 지나치게 민감한 반응을 보이게 된다. 대부분의 거래에서 상대의 첫 반응은 거절일 때가 많다. 그것이 진짜 사실일 때도 있지만, 대부분은 협상에서 유리한 고지를 차지하기 위한 첫 번째 반응일 뿐이다. 그러나 자신의 필요를 분명히 하지 않고 거래에 나서면 상대의 첫 반응에 위축되어 자신이 원하는 바를 놓칠 수 있다. 거래를 성공시키기 위한 첫 단계는 자신의 필요를 분명히 하는 것이다.

둘째, 상대가 원하는 것이 무엇인지 파악한다.

상대방도 나와 마찬가지로 어떤 필요가 있기 때문에 거래에 응할 것이다. 상대가 필요로 하는 것이 실적인지 돈인지 아니면 다른 무엇인지를 파악할 수 있어야 한다. 일반적으로 좋은 거래 상대는 자신의 필요가 무엇인지 명확히 밝힌다. 그리고 관계의 본질에 적합한 것을 요구한다. 뒷거래를 요구하거나 거래의 핵심과 관계없는 다른 것을 요구하는 경우, 지속적인 거래를 할만한 상대가 아니라고 판단해도 무방하다. 꼭 그와 거래를 해야 한다면 최악의 경우를 상상하면서 방법을 찾아야 한다.

셋째, 상대가 원하는 것을 제공하되 가장 돈이 덜 드는 방법을 찾는다.

상대는 자신이 필요로 하는 것을 얻는 데에만 관심을 둔다. 그것을 위해서 내가 얼마나 힘을 들일 것인가의 문제는 전적으로 내 몫이다. 늘 최선의 노력을 다해야 하지만, 거래에 있어서는 효율성이라는 가치가 더 중요하다. 거래를 하는 것도 중요하지만 돈이 남아야 하기 때문이다. 하지만 자신의 돈을 덜 들일 목적으로 거래 상대를 불편하게 하지 않도록 주의해야 한다. 한 번 아마추어라는 평가를 받으면 그 다음 거래가 힘들어질 수 있다.

자신의 필요를 분명히 하고, 상대가 원하는 것이 무엇인지를 파악하여 제공하되, 가장 돈이 덜 드는 방법으로 제품과 서비스를 제안할 수 있다면 거래를 성사시킬 수 있다. 또한 상대에게 그가 지불하는 것보다 받는 것이 더 크다는 사실을 주지시킬 수 있다면 그 거래는 지속될 수 있다.

한 가지 만족점을
공략하라

불만족스러움이 많아도
한 가지 분명한 만족 요소 때문에
거래가 시작되고,
충분히 만족스럽지만
절대적인 불만족 요소 때문에
거래가 중단되기도 한다.

사장은 항상 내부적으로는 한정된 자원과 외부적으로는 경쟁자를 염두에 두어야 한다. 즉, 자신이 가진 자원을 전략적으로 분배하고 행동하는 것에 익숙해져야 한다. 또한 현재의 경쟁자 혹은 미래의 경쟁자와 차별화할 수 있는 요소를 갖추기 위해 노력해야 한다. 결국 한정된 자원을 가지고, 스스로를 경쟁자와 차별화하면서, 고객과의 거래를 효과적으로 만들어낼 수 있는 자기 요령이 필요하다.

5 · 4 · 3 · 3 · 3 전략

프레드 크로포드Fred D. Crawford와 라이언 매튜스Ryan Mathews는《소비자 코드를 제대로 읽어라》라는 책에서, 한 기업이 모든 분야에서 최고가 된다는 것은 불가능한 일이라고 말한다. 또한 모든 분야에서 최고가 된다 해도 소비자에게 그 모두를 보여줄 수 없다고 강조한다. 그들은 책에서 '소비자 적합성'이라는 개념을 설명하는데, 그 요점은 다음과 같다. 즉, 모든 사업을 가격^{price}, 제품^{product}, 접근성^{access}, 서비스^{service}, 체험^{experience}의 다섯 가지 요소로 구분하고, 각 요소별로 시장을 지배하고 있는 수준인 경우에 5점, 차별 수준인 경우에 4점, 적절한 수준이지만 시장 경쟁력을 가질 정도는 아닌 보통의 경우에는 3점으로 하여 점수를 매겼다. 그리고 이 다섯 가지 기준을 갖고 소비자 관점으로 각 기업의 비즈니스 수행능력을 평가했다.

소비자 적합성 관점에서 바라본 최고의 기업들은 대부분 '5 · 4 · 3 · 3 · 3' 전략을 취하고 있었다. 다섯 가지 특성 중 한 개는 지배 수준(5점), 다른 한 개는 차별 수준(4점), 나머지 세 개는 평균 수준(3점)을 추구하는 것이다. 그러나 어떤 요소라도 업계 평균 이하로 내려가서는 안 된다. 업계 평균 이하의 요소를 가지고 있으면 시간이 지나면서 소비자들의 외면을 받게 되고, 결국 도태되기 때문이다. 또한 한 개 요소를 초과해서 5점과 4점을 넘길 필요도 없다. 이는 불필요한 차별화를 추구하고 있으며, 돈을 낭비하고 있는 것이다.

덩치 큰 코끼리는 자신이 원하는 곳 어디든 집으로 삼을 수 있지만, 덩치가 작은 대부분의 동물들은 다른 동물들을 피해 자신이 머물 곳을 찾는다. 작은 동물들은 언제든 위장과 은폐를 할 수 있는 전략을 가져야 한다. 전략이란 자신이 갖고 있는 부족한 자원을 적절하게 활용하여 목표에 도달하고자 하는 의도된 행위다. 실제로 대부분의 사장들은 소비자와 경쟁자를 살피며 자기가 머물 곳을 찾는 작은 동물들과 유사하다. 끊임없는 경쟁체계에서 승자가 되기 위해서는 전략적으로 생각하고 행동해야 한다. 모든 분야에서 최고가 될 필요는 없다. 어떤 분야에서는 최고가 되어야 하지만 나머지 부분에서는 평균 이상만 유지하면 충분히 의도하는 목표에 도달할 수 있기 때문이다.

명확히 만족하는 한 가지 요소가 거래를 만든다

용변이 아주 급한 사람이 있다고 하자. 그는 다행히 화장실은 찾았는데 그 안에 휴지가 없었다. 화장실 입구에서 조그만 휴대용 휴지를 1,000원에 팔고 있었는데 주유소에서 기름을 넣으면 무상으로 주는 그런 휴지다. 당신이 그 상황에 처했다면 그 휴지를 1,000원이나 주고 사겠는가? 나라면 살 것이다. 제품의 가치를 따진다면 말도 안되는 가격일지 몰라도 그 순간의 필요를 생각하면 2,000원이라도 당장 지불할 것이다. 물론 그 일을 다 보고 화장실을 나설 때는 열 개를

1,000원에 준다고 해도 거들떠보지 않겠지만 말이다.

이처럼 주변에서 흔히 볼 수 있는 사례를 통해 사람들이 언제 거래하는지 알 수 있다. 모든 면에서 완벽하게 만족해야만 호주머니를 여는 것이 아니다. 여러 가지 불만 요소가 있어도 명확한 한 가지 만족 요인 때문에 사람들은 거래를 시작한다. 불만족스럽지 않다는 것은 좋은 평판을 얻을 수 있다. 그러나 거래는 이루어지지 않는다. 돈을 지불하는 거래는 오직 명확히 만족하는 요소가 한 가지 이상 있을 때만 이루어진다.

기대 수준 이하의 불만족은 거래를 중단시킨다

종로3가의 한 칼국수 집은 매우 지저분하고 허름하다. 셀프 서비스에다 주인 아주머니도 불친절하다. 그런데도 항상 사람들이 바글거린다. 칼국수가 맛있기 때문이다. 게다가 양도 푸짐하다. 가격도 3,000원으로 주 고객인 직장인들에게는 부담없는 가격이다. 싸고 맛있고 양도 충분하니 사람들의 발길이 끊이지 않는 것은 당연한 일일지 모른다. 그러나 그 칼국수 집에 계속 손님이 많은 데는 지저분함과 불친절함이 고객들의 허용 기대 수준 안에 있기 때문임을 간과해서는 안 된다. 만약 바퀴벌레가 돌아다니고 불쾌감을 느낄 정도의 불친절함을 느꼈다면 아무리 맛있고 푸짐한 집이라 해도 곧 발길을 돌렸을 것이다.

만족과 불만족은 별도로 관리해야 한다

사람들은 보통 만족하면 불만족하지 않고, 불만족하면 만족하지 않는다고 생각하는 경향이 있다. 과연 그런가? 만족滿足과 불만족不滿足이라는 단어의 뜻만을 생각하면 만족과 불만족은 서로 반대편에 있는 것처럼 보인다. 즉 만족하지 못하면 불만족하고 불만족하지 않으면 불불不不만족, 즉 만족하는 것처럼 생각한다. 그러나 정말 그럴까? 현실 세계에서는 불만족스럽지는 않아도 만족스럽지도 않으며, 만족하면서도 동시에 불만족을 느끼는 경우가 더 많다. 만족과 불만족을 동시에 느낄 수 있는 것이다. 만족과 불만족이 상호 연관성이 있는 것은 분명하지만, 만족하면 불만족하지 않고 불만족하지 않으면 만족한다고 생각하는 것은 잘못이다. 만족과 불만족은 서로 다른 차원에 존재한다. 따라서 만족과 불만족은 별도로 관리해야 한다. 특히 사업에서는 더욱 그렇다. 불만족스러움이 많아도 한 가지 분명한 만족 요소 때문에 거래가 시작되고, 충분히 만족스럽지만 절대적인 불만족 요소 때문에 거래가 중단되기도 한다.

사업의 성패는, 내가 가진 제품이나 서비스가 아니라, 고객들이 돈을 지불함으로써 거래를 시작하고 그것을 반복해낼 수 있느냐에 달려있다. 고객이 어떤 제품이나 서비스를 선택할 때는 두 가지 요건이 충족되어야 한다. 첫째는 분명히 만족할 수 있는 한 가지 이상의 이유가 있어야 하고, 둘째는 그가 느끼는 불만족스러움이 이해하고 참을 수 있을 정도의 수준에 있어야 한다는 것이다. 불만족스러움이 허용 수준 이하로 내려가면, 아무리 만족스러운 요소가 있어도, 고객은 발길을 돌리기 때문이다. 분명한 만족 요소 하나가 거래를 만들고, 기대 수준 이하의 불만족 요소는 거래를 중단시킨다.

따라서 사업에 성공하기 위해서는, 자신이 제공하는 제품과 서비스가 아니라, 예상고객들의 '만족 영역'과 '불만족 영역'을 규정하는 데서 시작해야 한다. 문제는 만족의 영역, 불만족의 영역에 어떤 변수들이 담겨있는가를 알기 어렵다는 것이다. 그래서 나는 그것을 블랙박스라고 부른다. 즉 고객 만족 블랙박스와 불만족 블랙박스를 해독해내야 하는 것이다. 각 블랙박스에 어떤 변수들이 담겨 있는가를 알고, 자신은 어떤 변수에 초점을 두고 행동할 것인가를 결정해야 한다.

세계적 유통 할인점인 월마트는 만족 블랙박스에 담긴 변수 중 '가격'에 초점을 두고, 가격에서만큼은 어떤 경쟁자들보다도 최고가 되기 위해 끝없이 노력한다. 일본 교토의 MK택시는 만족 블랙박스의 변수 중 '친절함'에 초점을 맞추고 최고로 친절한 택시로 인정받기 위해 다른 택시 회사에서는 상상하기 어려운 과감한 시도를 망설이지 않는다. 미국의 패션백화점 노드스트롬은 만족 블랙박스의 변수 중 '고객과의 친밀감'에 초점을 두고 최전방 직원들에게 권한을 집중하는 조직운영을 하고 있다. 자신들이 초점을 둔 그 부분에 대해서는 어떤 대가를 지불하고서라도 최고를 유지하는 것이다. 그것이 바로 거래를 만들고 강화시키는 전략적 행동임을 잘 알기 때문이다.

물론 그 외의 변수들에 대해서도 업계 평균 이상의 수준을 유지하기 위해서 노력한다. 월마트는 가장 저렴한 가격에 상품을 판매하지만 동시에 제품의 질이 고객들이 받아들일 수 있는 허용 범위를 넘지 않는다. MK택시는 고객이 감동할 만한 친절한 서비스를 제공하기 위해 다른 택시들보다 더 높은 가격을 요구하지 않는다. 노드스트롬은 각 고객별 전담자를 두어서 개인에 대한 신상정보 등이 외부에 노출되지 않도록 노력한다.

이러한 전략적 접근이 필요한 이유는 한 기업이 가진 자본, 인력, 에너지가 한정되어 있기 때문이다. 고객의 기대를 모든 면에서 최고로 만족시킬 수는 없다. 가장 효과적으로 거래를 만들고 가장 효율적으로 거래를 유지시킬 수 있도록 자원을 배분해야 한다. 고객 불만족 블랙박스에 속한 변수들을 평균 이상으로 끌어올리기 위해 자원을 사용하는 것은 사업에서는 낭비에 속한다. 불만족 블랙박스에 담긴 변수들에 대해서는 업계 평균만 유지하면 된다. 그렇게 비축한 힘은 만족 블랙박스에 담긴 변수 중 자신이 선택하고 초점을 둔 부분을 강화하는 데 사용해야 한다.

한 가지 강점을 분명히 한다

한 기업이 두 가지 이상의 강점을 갖는 것은 현실적이지 못하다. 기업은 한 가지 강점만을 가질 수 있을 뿐이다. 소비자들도 한 기업이 가진 두 가지 이상의 강점은 기억하지 못한다. 아무리 많은 강점을 설명하더라도 소비자는 한 기업에 대해서는 한 가지 강점이나 특징만을 기억할 뿐이다. 그러므로 사업에 성공하기 위해서는 예상고객의 만족 블랙박스에 속한 변수 중, 경쟁자들이 갖지 못하며 충분히 규모가 큰 한 가지 변수를 찾아내야 한다. 그리고 그러한 변수를 포착했다면 그 부분에 대해서는 어떤 경쟁자도 넘보지 못할 만큼 최고를 추구해야 한다. 그 분야의 최고를 차지하기 위해서는 어떤 대가라도 지불할 준비가 되어 있어야 한다. 그러나 그 외의 부분에 대해서는 업계 평균만 유지하면 된다. 그 이상을 갖는 것은 조직적인 낭비일 뿐이다. 차라리 그 여력을 모아서 자신이 초점을 둔 변수에 투자

하는 것이 효과적이다.

고객 만족의 블랙박스에 속한 변수 중 오직 한 가지를 자신의 강점으로 분명히 하라. 고객이 그 강점을 인식하는 순간 거래는 저절로 일어난다.

3가지
강점을 만든다

한 가지 강점에서 시작하지 말고
두 가지 강점을 갖추고 시작하라.
그리고 시작한 후에는
가능한 한 빨리
한 가지 강점을 더해서,
세 가지 강점을 갖춘 사업을 정립하라.

일본 맥도날드를 최고의 가치기업으로 일구어낸, 후지다 덴이라
는 사람이 쓴《유태인의 상술》이라는 책의 한 부분을 살펴보자.

"어떤 사업에 자금과 인력을 투입하기로 결심하고 나면 유태인
들은 반드시 1개월 후와 2개월 후, 3개월 후의 청사진을 각각 준비한
다. 1개월이 지났는데도 그 청사진과 실적이 차이를 보이면 그들은
더 많은 자금과 인력을 투입한다. 2개월 후까지도 그들은 더욱 투자
를 보강한다. 그러나 3개월이 지났는데도 청사진대로 진행되는 기미
가 보이지 않으면, 앞으로 사업이 호전된다는 확실한 전망이 보이지
않는 한 깨끗하게 단념하고 손을 뗀다. 손을 뗀다는 것은 실패를 인
정하고 그때까지 투입한 자금과 인적 노력을 포기하는 것이지만, 손

을 뗌으로써 그로 인한 잡다한 근심에서 벗어나는 것을 오히려 후련하게 생각한다. 그래서 유태인들은 항상 최악의 경우 3개월 동안 쏟아 넣을 자금을 예산하고 준비한다."

유태인들은 왜 3개월까지만 기다릴까? 2개월도 있고 4개월도 있는데 말이다. 그 정확한 이유는 알 수 없지만 그들은 그렇게 행동한다. 그들은 최악의 상황에서 대처할 수 있는 3개월의 운영자금를 미리 준비한다.

숫자 '3'의 미력

내가 알고 있는 최고경영자 한 분은 자신과 얼굴을 대면하고 일하는 사람이 세 번째로 화나게 하면 그를 교체한다고 한다. 첫 번째와 두 번째에는 설명을 해주거나 주의를 주지만 세 번째에는 더 이상 말하지 않고 다른 사람으로 교체한다는 것이다. '세 번 화냄'이라는 기준은 그분의 사람 운영원칙 중 하나인 것이 분명하다.

전혀 경험하지 않은 일을 처음부터 잘하는 사람을 천재라고 한다. 한 번의 실패 후 두 번째에 성공하는 사람을 수재라고 한다. 그리고 노력하는 평범한 사람은 세 번째가 되어야 비로소 성공할 수 있다고 한다. 그래서 어떤 사람의 가능성을 확인하려면 세 번의 기회는 줘야 한다고 한다. 왜 네 번이 아니고 세 번일까? 그 이유는 정확히 설명하기 어렵지만 실제로 그런 일은 주변에서 자주 일어나곤 한다.

거짓말도 세 번 반복해서 들으면 정말인 것처럼 생각된다. 광고 전문가들은 한 사람이 특정 광고를 인식하기 위해서는 같은 광고 내용이 세 번은 노출되어야 한다고 말한다. 이러한 기준을 토대로 매체 노출 계획이나 광고예산이 세워지는 경우가 많다. 축구에서도 한 경기에서 세 골을 넣으면 해트트릭이라고 해서 특별한 의미를 부여한다.

그리고 보면 우리 주변에는 3이라는 숫자와 관련된 기준이 참 많다. '인생에는 세 번의 기회가 찾아온다.', '삼 세 번', '남자는 일생에 세 번 운다.', '세 개의 다리가 있어야 안정적이다.' 심지어는 영화제목에도 등장한다. '넘버 3', '우편배달부는 벨을 세 번 울린다.'

3이라는 숫자는 보통 완성의 의미로 해석된다. 그래서 어떤 것의 효과를 극대화시키거나 중요한 문제를 다룰 때는 3이라는 숫자와 연관시켜 생각하면 효과적이다.

숫자 '3' 활용하기

누군가 기회를 주고 기다려줄 때도 사람들은 가능한 한 세 번 안에 성공적인 결과를 만들어내고자 노력한다. 무한한 기회가 주어지지 않을 것을 알고 있기 때문이다. 기존의 태도를 바꾸거나 기준을 바꾸려 할 때도 중요한 세 가지 이유는 있어야 한다. 그렇지 않으면 다시 생각해보아야 한다. 신뢰하던 사람에 대한 태도를 바꾸려 할 때도 자신이 직접 확인할 수 있는 세 가지 이유는 있어야 한다. 이유가 한두 가지밖에 없을 경우는 편협한 생각의 결과일 수도 있기 때문이다. 누군가에게 어떤 제안을 할 때도 세 번까지는 시도해볼 필요가 있다. 세 번째까지도 상대방의 반응이 없으면 때가 아니라고 생각하고 멈추는 것이 좋다.

강의를 하거나 글을 쓸 때도, 전달하고 싶은 내용을 설명하기 위해 대부분 세 가지 정도의 사례를 제시한다. 두 가지 예로는 왠지 부족한 것 같고 네 가지 예는 너무 많다고 생각되기 때문이다. 어떤 대안(아이디어)을 마련할 때도 보통 세 가지를 준비한다. 두 가지는 선택의 폭이 좁다는 생각이 들고 세 가지가 넘어가면 오히려 선택에 혼동을 준다.

나는 한 달에 두세 번은 서점에 간다. 신문이나 잡지를 보면서 체크해두었던 책도 찾아보고 새로 나온 책도 살펴본다. 그리고 관심이 가는 책을 찾아 차례를 확인한다. 그 차례에 이미 내가 알고 있는 내용이 담겨 있으면 그 부분을 먼저 살펴본다. 다음으로는 흥미로운 부분을 찾아서 괜찮은 내용이 있는지를 확인한다. 이렇게 해서 서너 가지 이상의 흥미 있는 내용을 확인하면 그 책을 구입한다. 최소한 세

부분 정도는 검토하고 책을 구입하는 것이다. 이렇게 책을 고르는 내 행동을 통해, 고객들에게 상품을 어필할 때의 기준을 얻는다.

세 가지 정도의 제안을 하되, 그중의 한 가지는 이미 고객들이 경험해서 확인할 수 있는 내용을 넣는다. 그리고 흥미와 기대를 가질 만한 제안을 두 가지 이상 하는 것이다. 유통 분야에서 일했던 경험에 비추어볼 때 소비자에게 어필하고자 하는 여러 가지 제안 중 두 가지 이상은 어필해야 최소한의 효과를 얻는다. 한 가지로는 기대만큼의 효과를 얻기 어렵다. 그러나 세 가지 정도의 흥미로운 제안을 하면 반응은 폭발적이다. 두 가지와 세 가지의 효과 차이는 50퍼센트가 아니라 5~10배 이상이다.

3가지 강점을 만든다

'3'이라는 숫자는 적극적인 반응을 불러일으키는 기준이 된다.

누군가에게 폭발적인 반응을 얻고 싶다면 그 사람에게 세 가지의 매력적인 제안을 하라. 그러면 그들은 당신의 기대대로 행동할 것이다. 사업을 시작하려고 하는가? 그렇다면 그 사업계획에는 고객들이 매력을 느낄 만한 세 가지 정도의 제안이 담겨 있어야 한다. 그러면 분명히 많은 사람들이 그 사업에 관심을 갖고 당신을 찾게 될 것이다. 매력적인 제안이 한 가지밖에 없는가? 그렇다면 최소한의 생존은 가능하다. 그러나 주변에 당신을 모방하는 경쟁상대가 등장하는 순간 당신은 무릎을 꿇게 될지도 모른다. 왜냐하면 경쟁자는 항상 현재의 강점을 무력화시키고 약점을 보완한 형태로 등장하기 때문이다. 두 가지 정도의 매력 포인트가 있다면 어느 정도는 성공할 것이다. 그러나 조금만 더 노력해서 한 개의 매력 포인트를 더 만들어라. 공들인 수고에 비해서 얻어지는 효과는 수십 배 이상 클 것이다.

세 가지 매력을 발견한 고객은 당신이 세상 어느 구석에 숨어 있어도 당신을 금방 찾아내고 두 팔을 벌리며 달려올 것이다. 그렇다고 네 개 이상의 매력을 만들려고 노력하지는 말라. 그 힘은 축적해두었다가 다른 곳에 사용하라. 당신의 고객이 누가 되었든 세 가지 정도면 충분하다. 그 이상은 기억하지도 계산하지도 못한다.

한 가지 강점에서 시작하지 말고 두 가지 강점을 갖추고 시작하라. 그리고 시작한 후에는 가능한 한 빠른 시간 내에 한 가지 강점을 더해서, 세 가지 강점을 갖춘 사업으로 정립하라. 지속적인 성공을 유지하는 곳에는 늘 세 가지 강점이 있다. '3'이라는 숫자를 기억하라! 당신을 성공으로 이끌어주는 강력한 힘이 될 것이다.

진실을 사실화시킬 때
사람들이 움직인다

좋은 제품과 서비스라는
진실만으로는 부족하다.
내게 돈을 지불하고 구매해줄 사람들이
그 진실을 인식해주어야 한다.

    당신은 단 2주일이면 인정받는 주식 전문가가 될 수 있다. 당신이 주식에 대한 지식을 전혀 갖고 있지 않아도 상관없다. 지금부터 내가 하라는 대로 해보라. 먼저 주식에 관심 있는 200명의 주소를 알아내라. 그리고 첫 번째 편지를 보내라. 100명에게는 A회사의 주식이 오를 것이라고 쓰고 나머지 100명에게는 A회사의 주식이 떨어질 것이라고 써라. 이제 첫 번째 예상이 맞은 100명에게 두 번째 편지를 보내라. 50명에게는 B회사의 주식가격이 오를 것이라고 쓰고 다른 50명에게는 회사의 주식가격이 떨어질 것이라고 써라. 당신의 예상이 연속으로 적중한 50명을 25명씩 두 그룹으로 구분하여 다시 세 번째 편지를 보내라. 이제 C회사의 주식에 관해서 말이다.

거래를 만드는 요령,
거래를 유지하는 방법

처음에 편지를 받은 사람들은 장난 편지라고 생각할지 모른다. 그러나 두 번이나 연속해서 그 내용이 적중하면 세 번째 편지를 받는 25명은 묘한 기대감을 갖게 될 것이다. 그래서 C회사의 주식가격 변동에 대한 당신의 의견을 쉽게 무시하지 못하게 될 것이다. 그들에게 당신은 주식 전문가가 된 것이다.

진실(眞實)과 사실(寫實)은 다르다

미국 클린턴 전前 대통령의 섹스 스캔들 때문에 유명해진 〈왝 더 독wag the dog〉이라는 영화가 있다. 영화는 대통령 선거를 2주일 앞두고, 백악관을 방문한 소녀를 성추행했다는 혐의를 받게 된 대통령의 불리한 입장을 방어하기 위해, 참모들이 일반 대중을 상대로 고난도의 사기를 치는 것이 주요 내용이다. 그들은 매스컴이 대통령의 성추행 혐의를 주된 이슈로 다루지 못하도록 다른 굵직굵직한 사건을 계속해서 만들어낸다. 있지도 않은 알바니아의 전쟁을 매스컴을 통해서 알리고, 그것을 사람들에게 확인시키기 위해서 폭파된 마을에서 탈출하는 소녀의 가짜 영상을 특종 형태로 방송에 내보낸다. 가짜 포로의 귀환도 꾸며내고, 그것을 많은 사람들의 이야깃거리로 만들기 위해 낡은 구두라는 상징물을 만든다. 노래까지 만들어서 사람들이 포로의 귀환과 그 노래 내용을 연결시키도록 꾸민다. 이들의 전략은 용케도 잘 들어맞아 매스컴은 대통령의 성추행 혐의를 다룰 겨를도 없이 선거일을 맞이하고, 대통령의 인기는 오히려 80퍼센트 이상으로 치솟게 된다.

세상에는 진실眞實이 있고 사실寫實이 있다. 진실이란 진짜 존재하는 어떤 것을 의미하며, 사실이란 사람들에게 인식되어진 진실, 즉 투영된 진실을 말한다. 보통 사람들은 실제 존재하는 것이나 진실에 의해서 영향 받고 행동하는 것이 아니라, 그 진실에 대한 자신의 인식에 따라 판단하고 행동한다. 그것의 진위 여부에 관계없이 일단 진실이라고 인식하고 나면 최소한 그 사람에게는 그것이 진실이 되어버리는 것이다.

현대사회에서 매스컴이 권력을 갖는 것도 그 때문이다. 대중에게 진실을 사실로 이해시킬 수 있는 사회적 위치를 차지하고 있기 때문이다. 사람들은 전문가인 의사의 소견보다도 신문이나 잡지에 나온 의료기사의 내용을 더 신뢰하는 경향이 있다. 작은 사건도 주요 매스컴에서 크게 다루면 큰 사건이 되어버린다. 반대로 중요한 문제도 매스컴이 다루어주지 않으면 사회에서는 전혀 중요하지 않은 문제가 되어 버린다. 방송에서 인기를 얻은 사람들이 선거를 앞두고 각 정당의 구애를 받는 것도 그런 이유 때문이다. 일단 호의적인 분위기에서 매스컴에 얼굴을 노출시킨 사람들은 생소한 사람들보다 대중에게 훨씬 우호적인 평가를 받는다. 사람들은 진실이 아닌 사실에 의해서 영향 받고 행동한다.

요즘은 과거 매스컴이 독점하던 권력을 인터넷을 잘 활용하는 개인과 집단들이 나누어 가져가고 있다. 인터넷은 하나의 상징일 뿐 트위터 등 새로운 커뮤니케이션 도구들이 그러한 권력 분산을 가속화시킬 것이다. 핵심은 일반 대중에게 진실을 사실로 받아들일 수 있는 신뢰를 줄 수 있느냐의 여부에 있다.

사람들은 자신의 관심거리만 받아들인다

내가 대학을 졸업하고 10년간 일했던 회사는 기독교 문화가 강한 곳이었다. 그래서 한때 통일교 관련 소문이 나돌기도 했다. 짧은 시간에 급성장을 이룬 점, 매주 예배시간이 있고 직원들이 회사에 헌신적이었던 점들이 소문의 근거였다. 회사에 대해 잘 알고 있던 사람들에게는 우스갯소리로 들렸지만, 막연하게 회사를 알고 있던 사람들에게는 상당히 심각한 문제였다. 실제로 한 기독교 잡지가 통일교 관련기업들에 대해 불매운동을 전개하면서 회사 이름을 잘못 집어넣는 바람에 그것을 해명하느라 매우 고생했던 기억이 난다.

그 소문이 잘못된 것이라는 것을 알리기 위해서 기존에 진행하고 있던 회사 광고의 맨 아래에 "○○회사는 통일교와 관련이 없습니다"라는 문구를 삽입했다. 그러나 몇 회 진행하다가 그 문구를 다시 빼기로 결정했다. 왜냐하면 사람들이 '통일교와 관련'까지는 기억하는데, 그 다음의 '관련이 없습니다'는 기억해주지 않았기 때문이다. 그 짧은 문구에서도 사람들은 이야깃거리가 될 만한 부분만을 기억했던 것이다. 다행히 그 소문은 매출에 큰 영향을 끼치지 못했고 일정 시간이 지나자 저절로 사라졌다.

그 사건을 떠올려보면서 진실을 사실화하는 사람들의 습성에 대해서 다시 생각해보았다. 사람들은 진실 여부에 관계없이 자신이 이해하고 받아들일 수 있는 기존의 인식 범위 내에서만 사실화하려 한다는 점이다. 고객들에게 이미 형성되어 있는 상식에 대한 통찰이 얼마나 중요한가 하는 것과, 고객보다 반 보만 앞서가야 한다는 비즈니스 진리를 다시 생각해보았다.

이러한 현상은 일상생활에서도 나타난다. 어떤 사람이 설악산을 등반한다고 하자. 재미있는 것은 성인이 되어서도 학생 때 갔던 코스를 반복한다는 것이다. '예전에는 이 코스로 갔으니 이번에는 저 코스로 가보자' 할 것 같지만 실제 행동은 그렇지 않다. 대부분의 사람들은 자신에게 익숙한 코스로 간다. 중국집에 가서 무엇을 먹을까 메뉴판을 뒤적이다가 "아저씨, 자장면 주세요!" 하는 것과 같은 이치다. 사람들은 새로운 것을 보면 호기심은 느끼지만 크게 반응하지는 않는다. 그래서 새로운 개념의 사업이 시장market에서 자리를 잡기까지는, 그 새로운 개념을 고객들이 상식으로 받아들일 때까지는 시간이 필요하다. 그 후에 비로소 고객들이 반응하기 때문이다.

사람들을 움직이는 것은 진실이 아닌 사실이다

"사실寫實이 사람들에게 영향을 주고 행동을 부른다." 초보 사장들은 이 점을 깊이 생각해보아야 한다. 좋은 제품과 서비스를 갖추면 다 되는 것이 아니다. 반드시 그것을 사실화하는 과정이 필요하다. 저렴한 가격이 가장 큰 경쟁력이라면 그저 "가격이 저렴합니다."라고 외치기만 할 게 아니라, 사람들이 "아! 저기는 가격이 정말 싼 곳이야."라고 인식할 수 있는 장치를 마련해야 한다. 많은 유통 할인점들이 최저가격 보상제를 시행하는 것이 바로 그런 이유다. 제품의 질이 우수하다면 사람들이 그것을 인식할 수 있도록 '거리'를 제공해야 한다. 많은 업체들이 KS니 ISO니 하는 뭔가 있어 보이는 이름을 사용하는 것도 그런 이유 때문이다. 또 전문가의 의견을 첨부하기도 하고,

그 제품을 일정 기간 무료로 사용할 수 있는 기회를 제공하기도 한다. 필요에 따라서는 이미 경험한 사람들의 신뢰할만한 증언을 전달하기도 한다.

오랫동안 사람들이 기억할 수 있도록 하는 방법이 있다. CM이 대표적인 예다. 맛동산, 브라보콘, 조이너스, 새우깡 등의 CM은 그 제품을 오래 전에 사용한 사람들도 쉽게 잊지 못한다. '흔들어주세요', '준비된 대통령', '깨끗해요' 등의 슬로건도 사람들의 머릿속에 쉽게 각인된다. '1588-5588', '700-5425'처럼 음률을 이용하여 각인시키는 방법도 있다. 광고를 하는 사람들이 노래, 슬로건, 음률을 이용하여 제품, 기업, 대통령 후보를 알리는 것은 자신들이 가진 '진실'을 사람들의 머릿속에 '사실'로 인식시키는 데 효과적이기 때문이다.

단순히 그 진실의 내용을 알려주는 것만으로 의도한 효과를 얻는 경우도 있다. 방문을 유도하여 직접 경험할 수 있도록 하는 것도 한 방법이다. 신문, 잡지, 방송 등 매스컴에 취재거리를 제공할 수도 있다. 아직 상식으로 받아들여지지 않는 새로운 개념을 설명할 때는 이미 사람들의 머릿속에 자리 잡은 기존의 개념(상식)을 활용해서 설명하는 것이 효과적이다. 외국 사람들에게 제주도를 '한국의 하와이'로 설명하고, 한국 사람들에게는 하이난海南島을 '중국의 제주도'라고 설명하는 식이다. 방법이야 얼마든지 달라질 수 있지만 꼭 기억해야 할 것은, 진실과 사실을 연결할 수 있는 다리를 반드시 만들어줘야 한다는 것이다.

진실을 사실화시켜라!

사람들은 자기가 인식하고 있는 사실에 근거해서 생각하고 행동한다. 따라서 좋은 제품과 서비스를 만들었다면, 이제 그 진실을 예상 고객들에게 효과적으로 사실화시킬 수 있는 방법을 연구해야 한다. 좋은 제품과 서비스라는 진실만으로는 부족하다. 내게 돈을 지불하고 구매해줄 사람들이 그 진실을 인식해주어야 한다. 사람들이 진실을 사실로 인식할 수 있는 방법이 무엇일까 고민하고 적절한 방법을 찾아내야 한다. 진실만을 가지고 있을 때와 적절하게 사실화되었을 때의 사업 성과는 뚜렷이 차이가 난다. 진실을 만드는 만큼의 노력과 비용을 사실화를 위한 작업에도 동시에 투입해야 한다는 것을 꼭 기억하고 실행에 옮겨야 한다.

진실과 사실은 초보 사장에게 큰 도전이다. 진실을 키우려는 조직적인 노력과 그에 걸맞게 사실화시키려는 전문적인 기술이 지속적으로 필요하기 때문이다.

1+1+1
성공공식을 반복하라

고객의 상식에 어필하는 것 하나,
차별화 된 이미지를 만들어낼 수 있는 제안 하나,
돈이 되는 부가 아이템을 추가하는
노력으로 성공할 수 있다.

    일본의 한 역 앞의 4층짜리 쇼핑센터가 8층으로 건물을 증축했다. 매장의 크기는 두 배로 늘어났는데 매상은 10퍼센트 정도밖에 신장되지 않았다. 이유를 조사해보니 4층 건물에 익숙해진 주부들이 5층 이상은 올라가려 하지 않기 때문이었다. 어렵게 매장을 두 배로 늘린 만큼 어떻게든 주부들이 5층 이상까지 올라가게 할 방법을 찾아내야 했다.

    이 쇼핑센터는 신문 전단광고를 기획했다. "전단 뒤쪽에 10개의 스탬프를 모두 찍어 온 분에게 1,000엔 상품권을 드립니다." 그 전단에는 스탬프를 처음 찍어주는 장소만 표시되어 있었으며 다음 장소가 어디인지는 쇼핑센터의 첫 스탬프를 찍는 장소까지 가야만 알 수 있도록 했다. 직원들과 달리 고객인 주부들이 1,000평이나 되는 매장 안을 모두 활용하기란 어려운 일이다. 아마 고객 대부분이 평소에는 단골 코너만 방문했을 것이다. 그러나 이 이벤트를 하는 동안 아이를 업은 엄마들이 어디서 입수했는지 7~8장의 전단을 손에 들고 점포 안을 다니는 모습이 자주 눈에 띄었다. 매출은 당연히 엄청나게 올랐다. '스탬프 랠리'라고 부르는 이 단순한 이벤트는 유사한 상황에서라면 그대로 반복해서 사용해도 효과를 얻을 수 있는 좋은 아이디어다.

1981년에 나온 포스터 시리즈에 모든 파리 시민들이 흥분했다. 첫 번째 포스터에는 "9월 2일 나는 윗부분을 벗겠습니다."라는 선언과 함께 비키니를 입은 상큼하고 매력적인 여자가 웃고 있었다. 9월 2일, 두 번째 포스터가 나왔는데 정말로 윗부분을 벗은 모습이었다. 그리고 그 포스터에는 "9월 4일에는 아랫부분도 벗겠습니다."라는 약속이 적혀 있었다. 파리 시민들은 그 여자가 정말로 그 약속을 지킬 것인지 모두들 궁금해했다. 9월 4일 세 번째 포스터에서 그 여자는 약속을 지켰다.(벗긴 벗었는데 바다를 바라보며 뒤돌아 서 있었다.)

'좋은사람들'이라는 패션속옷 회사를 시작한 주병진 씨는 '제임스딘'이라는 브랜드를 알리기 위해 이 아이디어를 차용했다. 앞의 것과 다른 점이 있다면 상큼한 매력의 여자 대신 자신이 직접 모델로 나섰고(당시 주병진 씨는 전 국민이 아는 꽤 유명한 개그맨이었다), 포스터가 아닌 신문광고를 이용했다는 점이다. 주병진 씨는 약속한 그날에 자신의 벌거벗은 정면 모습을 보여주었다. 그런데 사람들이 관심을 가졌던 '그 부분'은 벌거벗은 어릴적 사진으로 가리고 특유의 환한 미소를 짓고 있었다.

어떤 일을 오랫동안 성공적으로 해온 조직이나 사람들은 모두 나름의 성공공식을 가지고 있다. 주어진 상황이 이전과 동일할 때는 그 방법을 똑같이 반복하고, 주어진 상황과 환경이 다를 때는 그 원리를 적용한다. 실제로 광고와 홍보 영역에서는 이런 모방과 적용이 수시로 이루어진다. 사업에서도 누구나 쉽게 따라할 수 있는 성공공식이 있다.

무엇으로 차별화할 것인가

여러 개의 횟집이 몰려 있는데 그중 한 집에만 유난히 사람들이 많이 몰린다. 20여 군데의 고깃집 중에서 두세 집에만 손님이 몰린다. 10여 개의 순두부 집 중에 원조를 표방하는 곳이 다섯 곳이 넘는데 그중 한 곳에만 차들이 빽빽하게 주차되어 있다. 이는 우리 주변에서 흔히 볼 수 있는 모습이다. 사람들이 몰리는 데는 공통의 이유가 있다. 특히 '원조'라 인정받는 음식점에는 늘 사람들이 몰린다. 그 집의 벽면은 이름만 들으면 알만한 유명 인사나 연예인들의 인삿말과 사인으로 장식되어 있다. 이런 음식점은 별다른 노력을 기울이지 않아도 장사가 잘된다. 방문하는 고객들이 실망하지 않을 정도로 음식의 질을 유지하고 보통의 친절함만 제공하면 된다. 고객들은 오랜 시간 기다려도 불평하지 않고 오히려 그런 경험을 자랑스럽게 생각한다. 매우 유리한 포지션을 차지한 경우다.

음식을 다 먹은 후 제공되는 후식이 특별한 경우에도 사람이 몰린다. 어느 고깃집에서는 얼음이 둥둥 떠 있는 식혜를 준다. 고기 맛이 비슷하고 가격에 차이가 없으면 사람들은 그 집을 다시 찾는다. 어느 횟집에서는 후식으로 아이스크림을 제공한다. 직접 떠먹는 재미도 있어서 아이들뿐 아니라 어른들도 흐뭇해한다. 대나무통 밥을 전문으로 하는 인사동의 한 식당에서는 조리 후 필요 없게 된 대나무통을 손님들에게 선물로 주고, 어떤 커피 전문점에서는 커피 찌꺼기를 탈취제로 사용하도록 예쁘게 포장해서 선물로 준다. 물론 모두 공짜다. 후식이나 공짜로 제공하는 선물이 주 메뉴와 직접적인 관련이 있으면 더 좋겠지만 꼭 그럴 필요는 없다. 그저 다른 곳에서는 쉽게 흉내 내기 어려운 차별화 된 경험을 제공하면 된다.

음식 맛은 평범하지만 가격이 주변에 비해서 훨씬 저렴한 경우에도 사람들이 몰린다. 생산지에서 직접 원재료를 조달하거나 중간 유통단계를 줄여서 판매가격을 낮추는 경우도 있지만, 보통은 일단 매력적인 가격으로 손님들을 모은 뒤 주 메뉴 외에 다른 메뉴를 동시에 판매해서 수익의 부족분을 메우는 방식으로 운영한다. 음식점에서는 술이 그런 경우에 해당한다. 그래서 음식을 저렴한 가격에 판매하는 음식점에서 술을 주문하지 않으면 주인의 표정이 순간 어두워지기도 한다. 최근에는 역발상으로 술값을 절반 이하의 가격으로 싸게 제공하고 안주를 추가로 주문받는 방식으로 매상을 올리는 음식점들도 있다.

앞의 세 가지 접근을 한마디로 요약하면 '차별화'다. 주 메뉴의 질로 차별화하고, 무료로 제공하는 후식이나 선물로 차별화하고, 저렴한 가격으로 차별화하는 것이다. 그러나 이 세 가지 방식을 적절하게 조합하면 아주 멋지고 단순한 성공공식을 도출해낼 수 있다.

고객들이 이해하고 반응할 수 있는 명확한 이슈 한 가지, 그 제품과 서비스를 경험하고 난 후 호의적 인식을 얻을 수 있는 차별화된 경험 한 가지, 그리고 주 아이템 외에 추가로 구매할 수 있는 부가 아이템이 그것이다. 그렇게 하면 첫째 요소로 생존하고, 둘째 요소로 고객 호의를 얻고, 셋째 요소로 돈을 벌 수 있다.

고객 상식 속 개념에 어필한다

사람들이 모여 사는 곳마다 꼭 있는 아이템들이 있다. 세탁소, 미용실, 수퍼마켓, 부동산중개소 등이 그렇다. 중국집은 두 단지에 한 집 정도, 제과점은 한두 단지에 한 곳 정도다. 이런 아이템들은 간판만 보이면 사람들이 찾아간다. 그곳이 무엇을 하는 곳인지, 어떤 방식으로 거래하는지, 대략의 상품가격이 얼마인지를 이미 잘 알고 있기 때문이다. 그러나 빵과 케이크를 동시에 판매하는 제과점이 아닌 케이크만을 판매하는 케이크 전문점이라면 뭔가 새로운 설명이 있어야 한다. 세탁소가 아닌 운동화방도 쉽게 와닿지 않는 아이템이다. 중국집이 아닌 탕수육 전문점도 마찬가지다. 고객들의 상식 속에 들어 있지 않은, 공통의 인식이 형성되지 않은 아이템인 경우에는 좀더 구체적이고 적극적인 어필을 해야만 고객들이 찾아온다. 대부분의 경우 고객 인식 속에 개념이 형성되기까지 시간과 비용이 추가로 발생하기 때문에 사업이 좀더 어려워진다.

"고객보다 반 보만 앞서가라!" 이 비즈니스 진리는 바로 고객 인식과 밀접한 관계가 있다. 반 보를 앞서간다는 것은 고객들이 '받아들일 수 있는 새로움'을 제안한다는 의미다. 반 보만 앞서가면 신선하게 받아들일 수 있는 아이템이 그 이상 앞서가다가 고객들이 방문

조차 하지 않는 경우가 많다. 고객의 상식 속에 없는 개념의 경우에는 커뮤니케이션 기술을 가지고 비용과 시간을 투자해야 한다.

성공공식의 첫 번째는 "이미 사람들의 상식 속에 명확히 개념화되어 있는 것을 표방하라"는 것이다. 만약 고객 상식 속에 개념이 정립되지 않은 아이템을 다루고자 할 때는 그 개념을 목표고객에게 인식시키는 작업을 병행해야 한다. 그러나 커뮤니케이션에 충분한 비용을 사용할 수 있는 큰 규모의 사업이라면 몰라도 일반적인 소규모 사업의 경우에는 실패할 위험성이 높다는 점을 염두에 두어야 한다. 이미 형성된 사람들의 인식을 바꾸는 데는 생각하는 것보다 훨씬 더 많은 에너지가 투입되어야 하기 때문이다. B2B^{business to business} 비즈니스를 하던 곳에서 B2C^{business to customer} 비즈니스로 확대할 때 실패하는 이유가 대부분 여기에 있다. B2B 비즈니스에서는 전문성을 갖춘 기업에게 고객들이 더 적극적으로 반응하는 반면, B2C 비즈니스에서는 대중적인 개념이 형성된 곳이어야 비로소 고객들이 반응하기 때문이다. B2B 비즈니스에 익숙한 기업들은 자신의 아이템에 대해서 적극적으로 어필해본 경험이 없기 때문에 그 필요에 대해서도 둔감하고 효과적으로 커뮤니케이션하는 방법을 모르는 경우가 많다.

구매고객에게 차별화된 기억을 제공한다

구매를 마치고 비용을 지불한 고객의 머릿속에는 '괜찮았다'와 '별로였다' 이 두 가지 중 하나만을 기억한다. 이때 괜찮았다는 만족감 외에 구체적 이미지(경험) 하나를 더 각인시키기 위해 노력해보자. 주 아이템과 직접적인 관계를 가진 것이라면 더 좋지만 꼭 그럴 필요는 없다. 보통 향수鄕愁를 불러일으키는 것이거나 새로운 트렌드를 반영한 세련된 품목일 경우에 이미지 효과가 크다. 운영자의 강점을 발휘할 수 있는 물건이나 퍼포먼스인 경우도 좋다. 다른 곳에서 쉽게 흉내 낼 수 없기 때문이다. 새롭고, 센스 있고, 진심이 담긴 서비스는 고객 재방문, 호의적 입소문을 만드는 주요 변수로 작용한다. 사람들은 고기 먹으러 가자고 하면서, "아, 거기 있잖아. 얼음 둥둥 뜬 식혜 주는 곳." 하고 설명한다.

어느 정도 규모가 있는 사업의 경우는 고객 접점에서의 경험과 친절함 등이 차별화된 인식을 만들어낸다. 이미지를 의도적으로 설정하고 이벤트나 광고 등을 통해 차별성을 부각시킬 수도 있다. 참 희한한 것이, 사람들은 자신이 비용을 지불하고 구매한 제품이나 서비스보다는, 부가적으로 제공받은 어떤 것을 기억하는 경우가 더 많다는 것이다.

돈 되는 부가 아이템을 찾는다

앞서 두 가지가 준비되었다면 사업에서 생존 이상이 가능해진다. 그러나 거기서 멈추어서는 안 된다. 간판을 보고 들어온 고객이 더 많은 돈을 쓸 수 있도록 유도할 필요가 있다. 쉽게 말해서 객단가(고객이 1회 구매 시 지불하는 금액)를 높이는 것이다. 고객이 나를 찾아올 때까지는 상당한 커뮤니케이션 비용이 지출된다. 그러나 이미 찾아온 고객에게 추가로 판매하는 데는 비용이 발생하지 않는다. 비용을 더하지 않고 추가 매출을 얻을 수 있는 좋은 기회인 것이다. 구매 의도를 가지고 방문한 고객의 다음 행동은 현장의 분위기에 따라 좌우된다.

고기만 먹으러 왔던 사람이 주변의 다른 손님들이 입가심으로 냉면을 먹는 것을 보고 냉면을 주문하는 경우가 그렇다. 리스트에 적은 물건을 쇼핑카트에 담고 계산대 앞에서 기다리다가 껌이나 건전지를 추가하는 경우도 있다. 케이크를 사러 왔다가 예쁜 카드와 샴페인을 함께 사기도 한다. 20~30만 원 하는 재킷을 5~6만 원의 세일가격에 구매한 고객에게 재킷과 잘 어울리는 4~5만 원짜리 넥타이를 권하면 세 명 중 한 명은 받아들인다.

이때 주의할 점이 있다. 주 아이템 판매를 부가 아이템 판매로 대체해서는 안 된다. 또한 고객이 즐겁게 선택할 수 있어야 한다. 그것이 메뉴판이든, 진열대든, 아니면 다른 사람들의 행동이든 자연스럽게 이루어져야 한다. 여기에서는 세련된 기술과 요령이 필요한 부분이다. 고객에게 부담을 주어서도 안 된다. 부가 아이템을 판매하여 객단가가 높아졌다 해도 고객에게 부정적인 인식을 심어주게 되면 그 고객의 재방문이 이루어지지 않기 때문이다.

1+1+1 성공공식을 구현한다

주 아이템 하나만으로 충분히 이익을 낼 수 있다면 가장 쉽고 바람직하겠지만 대부분의 현실은 그렇지 못한 것이 문제다. 현재 확고한 포지션을 가진 원조가게나 1등 브랜드도 처음부터 그랬던 것은 아니다. 수많은 시도와 고생 끝에 현재의 명성을 얻게 된 것이다. 일단 고객 상식 속에 자리 잡은 개념에 부합한 아이템을 제안할 수 있어야 한다. 그래야만 고객이 한 번이라도 방문을 한다. 새로움으로 고객을 유도하기 위해서는 반 보만 앞서가야 한다. 구매 후 돌아가는 고객들에게는 차별화 된 이미지를 심어줄 수 있는 구체적인 경험을 제공할 방법을 고민해야 한다. 그렇게 해서 일정한 고객을 확보한 후에는, 고객에게 유익하면서도 지속적으로 수익을 낼 수 있는 추가 아이템을 더할 수 있으면 좋다. 고객의 상식에 어필하는 것 하나, 차별화 된 이미지를 만들어낼 수 있는 제안 하나, 돈이 되는 부가 아이템을 추가하는 노력 하나, 이렇게 1+1+1을 자기 사업에 구현할 수 있다면 지속적으로 성공할 수 있다.

세 가지 방식을 순서대로 적용한다

1+1+1 성공공식을 적용할 때 유의할 점이 있다. 이 공식을 순서대로 적용해야 한다는 것이다. 고객의 인식 속에 들어 있는 한 가지 개념에 어필하는 행동이 가장 먼저 이루어져야 한다. 일단 고객이 방문한 후에 구매가 이루어질 수 있기 때문이다. 두 번째 행동은 구매 후 돌아가는 고객에게 호의적인 이미지를 전달하는 것이 되어야 한다. 재방문 고객이 어느 정도 확보된 후에야 추가 매출을 올리기 위해 노력하는 것이 효과적이다. 첫 번째 행동과 두 번째 행동이 반복되면서 고객들에게 충분히 익숙해진 후에 세 번째 행동, 즉 돈 되는 부가 아이템을 제안하는 것이 좋다. 충분한 신뢰를 쌓지 못한 상태에서 고객이 사용하는 총 비용이 커지게 되면 자칫 부담과 불신을 줄 수 있기 때문이다. 그러나 충분한 경험과 호의가 마련된 다음의 추가 지출은 고객에게도 만족을 준다.

"첫 번째 방식으로 생존하고, 두 번째 방식으로 고객 호의를 얻고,

세 번째 방식으로 돈을 번다." 단순해 보이지만 무엇보다 효과적인 이 방법을 적절하게 활용하기 바란다.

a
Private
Tutor
for
CEO

초보 사장이 첫 사업에서 성공하는 경우는 드물다. 실제로 성공이란 실패하지 않는다는 전제에서 이루어진다. 따라서 실패하지 않는 방식에 대한 이해와 훈련이 선행되어야 한다. 3장에서는 실패를 피할 수 있는 접근방식과 구체적 방법들에 대해서 알아보자.

3장

실패 없는 성공을 노려라

— 성공 확률을 높이는 전략

성공 이전 모습을
벤치마킹하라

이미 성공한 사람들을
벤치마킹하고자 할 때는
성공 이후의 모습이 아닌
성공하기 이전에 그들이
어떤 노력과 과정을 거쳤는가를
살피는 것이 중요하다.

앞에서도 한 번 언급했지만 대학 교수나 경영 컨설턴트들은 풍부한 지식과 자기 나름의 정리된 지식을 가진 사람들로 평가받지만 그들이 자기 사업에서 성공하는 모습을 찾아보기란 쉽지 않다. 때로는 너무 많이 알아 오히려 사업에 방해되는 경우도 있다. 논리적으로 이해하기 어렵지만 현실적으로는 고개가 끄덕여지는 말이다. 실제로 그런 일이 자주 일어나기 때문이다. 다음과 같은 이유를 살펴볼 수 있을 것이다.

상황을 만드는 지식과 상황을 분석하는 지식

절묘한 각도로 프리킥을 하는 선수가 상황을 만들어내는 지식의 소유자라면, 그 프리킥이 왜 유효한지를 설명하는 해설가는 상황을 분석하는 지식의 소유자다. 3년이나 5년 후의 경쟁력을 상상하면서 기업의 체질을 다지는 기업가가 상황을 만드는 지식의 소유자라면, 어떤 기업이 왜 성공할 수밖에 없었는지를 잘 설명하는 경영 컨설턴트는 상황을 분석하는 지식의 소유자다. 업기만 하면 아이의 울음을 뚝 그치게 만드는 옆집 아주머니가 상황을 만드는 지식의 소유자라면, 우는 아이의 심리상태를 잘 파악하고 울음소리에 따라서 아이의 욕구를 구분해내는 심리학자는 상황을 분석하는 지식의 소유자다.

시장에서 성공을 일구어내는 사람들, 동물적 감각을 가진 사장들에게는 공통적으로 '상황을 만드는 지식'이 있다. 시장의 새로운 트렌드를 읽어내는 것, 소비자들의 숨은 욕구를 느끼는 감각을 갖는 것, 경쟁자들의 다음 행동을 예측하는 것, 함께 일하는 사람들이 공통의 성과를 향해 최선의 노력을 할 수 있도록 환경과 계기를 제공하는 것 등이 그런 것이다. 그것을 느끼고 행동하는 방식이 다소 거칠다고 해서, 또 그 과정을 잘 설명하지 못한다고 해서 그 지식의 가치가 감소

하는 것은 아니다.

어떤 지식은 상황을 분석하면서 상황을 만들어내는 작용을 하기도 한다. 그러나 보통은 상황을 분석하는 지식과 상황을 만들어내는 지식은 다르다. 상황을 분석하는 데는 도움이 되지만 상황을 만들어내지 못하는 지식은 경계해야 한다. 상황을 분석하고 이해하는 것도 매우 중요하지만, 그 역시 상황을 만들어내기 위한 하나의 과정일 때 의미가 있는 것이다. 사업은 상황을 만들어내는 것에 초점을 둔 활동이다. 따라서 사업에서 성공하기 원한다면 상황을 분석하는 지식이 아니라 상황을 만드는 지식에 주목하고 고민해야 한다.

빙산의 아랫부분을 키워라

사업은 효율의 게임이다. 따라서 성공했다고 평가받는 기업은 이미 효율을 추구하는 상태에 도달했다고 볼 수 있다. 그러나 현재의 효율적인 모습을 갖추기 전에는 효과의 단계를 거쳤을 것이다. 효과를 얻은 후에야 비로소 효율에 접근할 수 있기 때문이다.(1장 '효과의 단계를 넘어서야 효율을 추구할 수 있다' 참조) 그러나 성공한 후에는 효과의 과정이 전혀 드러나지 않는다. 마치 빙산의 윗부분만 보고 그보다 아홉 배 이상 큰 아랫부분이 눈에 보이지 않는 것과 같다. 그러나 빙산

윗부분의 크기는 수면 아랫부분의 크기에 비례하여 드러난다. 따라서 윗부분을 키우려면 빙산의 아랫부분을 키워야 한다. 거대한 집게로 수면 위에 드러난 부분을 잡아 끌어올려도, 집게를 놓는 순간 이전의 모습으로 돌아가버린다. 그래서 이미 성공한 사람들을 벤치마킹하고자 할 때는, 성공 이후의 모습이 아닌, 성공하기 이전에 그들이 어떤 노력과 과정을 거쳤는가를 살피는 것이 중요하다.

쉽게 말해 유명한 배우가 되고 싶다면 이미 유명해진 사람의 현재 모습을 따라하려는 시도는 도움이 되지 않는다. 그가 무명시절에 어떤 노력과 과정을 통해 정상에 섰는지 살펴야 한다. 실제로 성공한 기업들의 시작은 대부분 작고 미미했다. 화려한 모습으로 만인의 박수를 받으면서 시작하는 사업은 존재하지 않는다. 처음부터 효율을 얻을 수 없기 때문이다. 배고프고 힘든 '효과의 시기'를 넘어서야 비로소 비즈니스 게임의 본선에 들어서는 것이다.

우연을 가장한 필연만이 있다

사업을 하는 사람도 마찬가지다. 분석가의 책이 아닌 맨몸으로 시작하여 성공을 이끌어온 사람이 직접 쓴 책을 읽어야 한다. 그래야 현재 내 사업에 직접적으로 적용할 수 있는 구체적인 방법과 원리를 배울 수 있다. 분석가는 이미 성공한 모습을 이론으로 잘 정리해서 사람들이 이해할 수 있도록 설명해줄 뿐이다. 그러나 모든 성공에는 그 뒤에 실패의 경험과 기록들이 숨어 있다. 긴 시간을 보면 한순간의 성공은 오히려 실패를 만들어내고, 한순간의 실패는 오히려 성공의 씨앗이 되기도 한다.

사업에 성공한 사람들이 공통적으로 하는 말이 있다. "제 성공의 절반 이상은 우연이었습니다." 이 말은 결코 겸손의 말이 아니다. 진짜로 그렇다. 그러나 성공의 절반 이상이 우연이었다면 도대체 그들에게서 무엇을 배울 수 있단 말인가? 우연하게 만난 시장기회들, 우연히 찾아준 꼭 필요한 사람들, 어느 순간 번득 떠올랐던 꼭 필요한 아이디어들, 이제 끝났구나 하고 포기하려는 순간 다가온 도움의 손길들……. 이 모든 것은 결코 우연히 얻은 것들이 아니다. 뿌린 씨앗이 있었기에 맺힌 열매들이다. 실제로 우연이란 없다. 우연을 가장한 필연만이 있을 뿐이다. 고민하고 행동했던 사람, 그 시간을 극복했던 현장의 사람만이 할 수 있는 이야기가 있다. 그것을 읽고 거기서 배워야 한다. 성공하기 이전 모습을 벤치마킹해야 한다.

이미 가지고 있는 진실의 꼬투리

한 사람이 오랫동안 일해왔던 성당에서 해고를 당했다. 새로 부임한 신부가 글을 모르는 사람은 좌석 안내원이 될 수 없다는 이유로 그를 해고했던 것이다. 성당에서 해고당한 그는 무엇을 해야 할지 몰라 암담한 마음으로, 배운 것 없는 자신의 신세를 한탄하며 도시의 골목길을 걸었다. 담배가 떨어져서 담배 가게를 찾았으나 찾을 수 없었다. 다음 블록에서도 담배 파는 곳을 찾을 수 없었다. 다시 오던 길을 되돌아와서 그 전 블록을 살폈으나 여전히 담배 가게를 찾을 수 없었다. '이곳에 담배 가게를 차리면 나 같은 사람에게 담배를 팔 수 있겠군' 하고 생각한 그는 모퉁이에 작은 담배 가게를 하나 차렸다. 가게는 번창했다. 그래서 다음 블록에도 담배 가게를 차렸다. 그곳도 번창했다. 이전 블록에도 담배 가게를 차렸다. 이렇게 해서 그 도시의 곳곳에 그 사람 소유의 담배 가게가 생겼다. 돈을 쓸 줄 몰랐던 그는 버는 대로 은행에 저금했다. 특별해 보이지 않는 사람이 계속해서 통장 잔고를 늘리는 모습에 주목하던 한 은행 직원이 물었다. "선생님은 어떻게 해서 그렇게 돈을 많이 벌게 되셨나요?" "글쎄요, 저는 제 이름밖에 쓸 줄 모르는 무식쟁이인데요." "아니, 글도 모르시면서 이렇게 성공하셨는데 만약 글을 쓰실 줄 아셨다면 어떠셨을까요?" "아마 성당 좌석 안내원이 되어 있었을 겁니다."

이 소설 속의 이야기는 사업이 결코 삶과 유리될 수 없음을 보여주는 예다. 부자가 되고 싶은 은행 직원이 전직 좌석 안내원의 은행 잔고가 쌓이기 전의 절박한 상황을 이해하고, 그것을 현재의 자기 상황에 적용한다면 또 다른 성공 스토리가 만들어질 것이다.

효과적인 사업은 자신이 이미 가지고 있는 진실의 꼬투리에서 시작된다. 그것이 비참한 현실이든, 다른 사람이 탐내는 재주든, 아니면 쓸모없어 보이는 어떤 것이든 말이다. 다른 사람이 가진 것만을 부러워하다가는 아무것도 하지 못한다. 자기가 가진 것에서 시작해야 한다. 다른 사람들도 인정해주는 자신의 강점들을 살펴보라. 오랜 시간 지속해온 일이 있다면 그 일에서 기회를 찾아라. 그리고 자신의 삶에서 정말 중요하게 생각하는 가치가 무엇인지를 생각하라. 다른 사람들이 달려간다고 생각 없이 함께 뛰어서는 원하는 것을 얻을 수 없다. 어떤 일이든 자기로부터 시작해야 한다. 만약 스스로 가진 것이 너무 적다고 생각되면 이미 성공한 사람들이 시작한 그 시점으로 가서 무엇을 해야 하는지 생각하라. 기본을 준비하고 씨를 뿌리는 데 시간을 투자하라. 성공의 답은 자기 안에 있다.

오늘, 작은 것에서부터 시작한다

결단의 시기는 언제나 지금, 여기 이 자리다. "언젠가는 할 것이다." 하고 미루는 것은 버릇에 지나지 않는다. 내일로 미루면, 내일 가서 또다시 그 다음 날로 미루게 된다. 기회가 보인다면 준비가 되었다면 지금 바로 시작하라. 그러나 작은 것에서부터 출발하라. 작은 것에서 큰 것으로, 쉬운 것에서 어려운 것으로 나아가며 자신이 가진 진실의 꼬투리를 키워가는 것이다. "반 컵밖에 없네."가 아니라 "반 컵이나 있네."라는 여유로운 관점을 가져야 한다. 안 되는 이유가 아니라 되어야 할 필요에 집중하고 가능성을 키워가야 한다.

그러나 목숨을 걸어야 한다. 세상에 공짜는 없다. 스스로 설정한 목표에 도달하기 위해서는 전력투구해야 한다. 진심眞心으로 집중集中해야 한다. 그러면 성과를 얻을 수 있다. 다른 사람의 눈에는 그 과정이 실패처럼 보일지 몰라도 시간이 지나면 그것은 성공의 씨앗으로 발아한다. 싸움을 잘하기 위해서는 때리는 방법보다 잘 맞는 방법을 먼저 배워야 한다. 실패처럼 보이는 외부의 장애물과 타격을 가볍게 흘려보낼 수 있도록 스스로를 단련할 필요가 있다. 목숨을 건 사람은 그런 기술을 저절로 터득한다.

성공한 사람들의 진실한 기록을 꼼꼼히 살펴보라. 형태는 다르지만 모두가 예외 없이 그런 과정을 지나왔다. 매일 아침 태양이 떠오르는 것처럼 자신의 목표를 향해 끊임없이 다가가라. 시간은 당신 편이다. 시간이 지나면 당신의 발자취를 느껴보려는 또 다른 사람들이 당신의 뒤를 따르게 될 것이다.

소비자가 원하되
경쟁자가 찾지 않는 영역을 공략하라

고객의 숨겨진 욕구와 필요를 채워줄 수 있으면서
업계 경쟁자들이 접근하지 못하는,
그리고 자신의 강점과 핵심역량을 바탕으로
사업화하라.

　사업을 성공시키기 위해서는 반드시 두 단계를 거쳐야 한다. 첫째는 실패하지 않는 생존의 단계이고 둘째는 성공 확률을 높여가는 성공의 단계이다. 사업에서 성공이란 생존 이후의 행동이다. 이 과정을 쉽게 이해하기 위해서 '3개의 원' 개념을 활용할 수 있다. 첫째 원은 소비자의 원($C1$)이고 둘째 원은 경쟁자의 원($C2$)이며 셋째 원은 기업, 즉 자기 자신의 원($C3$)이다. 이 3개의 원은 시장market이라는 테두리 내에 존재한다.

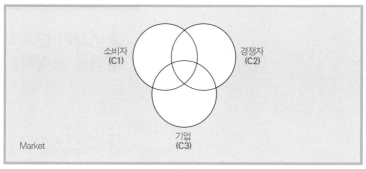

그림 3-1

이 세 주인공들이 시장^{market}이라는 무대에서 어떻게 활동하고 얽이느냐에 따라 게임의 양상은 달라진다. 먼저 이 세 주인공들의 특징을 살펴보자.

소비자(C1), 사업의 핵심

소비자, 즉 돈을 지불해주는 고객이 없다면 사업 자체가 성립되지 않는다. 좋은 상품을 갖추고도 고객을 확보하지 못하면 그것은 취미생활로 끝날 수밖에 없다. 고객 확보는 사업의 성패를 좌우하는 핵심 과제다.

기업의 관점에서 볼 때 고객은 '뜨거운 고객', '따뜻한 고객', '차가운 고객'으로 분류할 수 있다. 뜨거운 고객이란 기업의 존재만 확인하고도 산을 넘고 물을 건너서라도 찾아오는 고객이다. 기업을 흡족하게는 해주지만 소수라는 점이 아쉽다. 따뜻한 고객이란 적절한 방법으로 홍보하고 이해시키면 반응하는 고객을 말한다. 기업 매출의 중심에 있으며 사업 초기의 초점은 따뜻한 고객에게 호의적 반응을 얻어내는 것에 맞추면 된다. 차가운 고객은 자기가 필요할 때에만 반응하는 고객을 말한다. 일반 홍보에는 전혀 반응하지 않는다. 차가운 고객이 덥혀질 수 있으면 좋지만 투자 대비 효율성이 떨어진다.

고객은 또한 'X그룹', 'Y그룹', 'Z그룹'으로 구분할 수 있다. X그룹이란 현재의 사업 아이템과 관계없이 이미 관계가 형성되어 있는 고객군을 말한다. 상품에 대해서도 관심이 있지만 기업과의 기존 관계 때문에 반응하는 존재다. 사업 초기에 큰 도움을 받을 수 있지만 지속적인 도움을 기대해서는 안 된다. X그룹의 역할은 기업 상품에 대한 호의적 이해와 경험을 다른 사람들에게 전파하는 것이다. X그룹을 통해 상품을 알게 된 고객이나, 기업의 적극적인 고지를 통해 방문하거나 구매경험을 한 고객군을 Y그룹이라고 한다. Y그룹은 X그룹에 비해 상품 자체가 갖고 있는 매력에 반응하므로 기업 경쟁력을 가늠해볼 수 있다. Z그룹은 Y그룹의 경험과 소개에 따라 형성되는 고객군을 말한다. Z그룹이 주 고객이 된다면 그 사업은 시장에서 자리를 잡았다고 평가할 수 있다.

고객은 또한 '새로운 고객'과 '기존 고객'으로 구분할 수 있다. 실제로 기업 활동을 한다는 것은 새로운 고객을 모으고 기존 고객을 유지하는 것으로 양분할 수 있다. 새로운 고객 방문과 기존 고객의 재방문을 유도하기 위한 제반 활동이 기업 활동의 핵심이다. 따라서 비용과 시간을 투자해야 하는 정책과 활동을 계획할 때는 반드시 질문해야 한다. "이 정책과 활동이 새로운 고객을 유입시킬 것인가? 혹은 기존 고객의 재방문 또는 재구매를 강화하는가?" 만약 어떤 것도 만족시킬 수 없다면 실행 여부를 다시 검토해야 한다.

경쟁자(C2), 사업의 핵심 상대

경쟁 없는 사업이란 상상하기 어렵다. 사업 현장에 들어가면 게임의 핵심 상대가 고객이 아닌 경쟁자임을 쉽게 알 수 있다. 기업이 아무리 좋은 상품을 갖추고 고객에게 접근한다 해도 강력한 경쟁자를 만나면 그대로 무너져버린다. 경쟁자는 기업을 늘 긴장하게 만드는 존재다. 마케팅의 핵심이 차별화인 것은 바로 경쟁자와의 싸움에서 이기기 위한 가장 기본적인 전략이 차별화이기 때문이다.

경쟁자는 '직접 경쟁자'와 '간접 경쟁자', '잠재 경쟁자'로 구분할 수 있다. 직접 경쟁자란 같은 상품 영역category에서 활동하는 다른 기업들을 말한다. 간접 경쟁자란 같은 상품 영역은 아니지만 소비자가 대체품으로 활용할 수 있는 상품을 취급하는 기업이다. 잠재 경쟁자란 가까운 미래에 같은 상품 영역에 진입할 수 있는 기업을 말한다. 이 세 가지 영역 모두를 고려한 경쟁자의 개념을 갖고 사업을 해가야 한다. 그러기 위해서는 '소비자 관점'에서 경쟁자를 정의하는 것이 효과적이다.

소비자들이 구매하는 것은 제품^{product}이 아니라 그 제품을 통한 효용^{value}이다. 따라서 같은 상품이 아니라 해도 소비자 입장에서 동일한 효용을 얻을 수 있는 상품은 모두 경쟁상품이 된다. 즉, 소비자 관점에서 평가하면 직접 경쟁자와 간접 경쟁자를 쉽게 찾아낼 수 있다. 잠재 경쟁자에 대한 파악은 쉽지 않다. 누가 어디에서 치고 나올지 전혀 알 수 없기 때문이다. 그러나 시장이 어느 정도 커지고, 성장 시장으로 진입하면 반드시 새로운 경쟁자가 등장한다. 잠재 경쟁자에 대한 통찰 능력은 철저히 사장의 몫이다.

이제 1960년대 테오도어 레빗^{Theodore Levitt}이 쓴 〈마케팅 근시^{Marketing Myopia}〉이라는 논문의 내용을 바탕으로 경쟁의 본질적 개념과 기업의 역할 개념을 함께 생각해보자.

기업(C3), 고객을 창조하고 고객을 만족시키는 유기체

미국에서 철도는 왜 성장을 멈추었을까? 승객 운송이나 화물 수송 수요가 지속적으로 증가했음에도 철도가 어려움에 빠진 이유는, 자신을 운송업으로 규정하지 못하고, 철도업으로 한정시켰기 때문이다. 그래서 직접적 경쟁자인 다른 철도회사들과 차별화시키는 데에만 급급했다. 그러는 사이에 자동차와 비행기가 기존 철도가 가진 운송 시장을 잠식해갔다. 고객 입장에서는 철도나 자동차, 비행기는 모두 같은 영역에서 활동하는 대체수단이었지만, 스스로를 철도업이라는 공급자 중심의 근시안으로 규정했기에 벌어진 일이었다. 그 결과 운송업에서 시장 주도권을 빼앗겨버렸다. 똑같은 근시안적 태도를 가지고 활동했지만 결과가 다른 산업 영역이 있다. 석유업이 그것이다.

석유업은 스스로를 에너지, 연료, 수송 같은 넓은 의미로 규정하지 않고 원유를 채취하고 정제하는 효율성 개선에만 집중했다. 그 결과 가솔린의 품질 개선이나 대체연료 개발이 석유업 밖에서 이루어졌고, 자동차 연료와 관련된 주요 혁신도 석유의 채유나 정제와 관계가 먼 새로 생긴 조그만 석유회사가 이룩했다. 또한 어떤 석유회사도 전지, 배터리, 태양열 발전에 대해 열심히 연구하지 않는다. 그저 가솔린 엔진 연소실을 줄이는 평범한 일에나 돈을 많이 쓸 뿐이다. 그

럼에도 불구하고 석유업이 생존할 수 있었던 이유는 석유업 외부에서 석유를 활용한 새로운 용도를 지속적으로 찾아내주었기 때문이다. 그러나 친환경이 세계적 키워드가 되어가고 있는 작금의 분위기를 볼 때 석유업은 스스로를 소비자 관점에서 새롭게 규정하지 않으면 한때 지구의 주인공이었던 공룡과 같은 처지로 전락할 가능성이 높다.

기업 활동은, 제품을 생산하는 과정이 아닌 고객을 만족시키는 과정이다. 이것이야말로 초보 사장들이 핵심적으로 이해해야 할 부분이다. 기업 활동은 고객과 고객의 니즈needs로부터 시작하는 것이지 결코 특허나 원재료 또는 판매기술에서 시작하는 것이 아니다. 운전자들은 가솔린을 넣을 때 겪어야 하는 기다림, 조급함 등을 무척 싫어한다. 그들이 사는 것은 가솔린이 아니다. 가솔린은 직접 보고 맛보고 만지고 좋고 나쁨을 구분할 수도 테스트할 수도 없다. 실제로 고객들이 구매하는 것은 자동차를 계속 운전할 수 있는 권리다. 만약 어느 회사에선가 가솔린을 자주 채울 필요가 없는 새로운 대체연료를 개발해낸다면 그 회사는 운전자들에게 대대적인 환영을 받을 것이다.

기업이 생존하고 발전하는 데 진정으로 필요한 것은 창의력과 기술력을 발휘해서 고객을 만족시키겠다는 기업의 의지다. 고객들을 열광시키기 위해서 기업 전체가 고객을 창조하고 고객을 만족시키는 유기체처럼 움직여야 한다. 기업은 제품이나 서비스를 생산하는 것이 아니라 '고객을 사는 것'이라는 사실을 명확히 해야 한다. 기업의 본질적 역할이, 제품의 생산이 아닌, 고객 창조를 위한 가치 제공이라는 생각을 기업의 구석구석까지 침투시켜야 한다.

이제 소비자, 경쟁자, 기업의 이해를 바탕으로 실패하지 않는 사업에 접근하는 방식에 대해 생각해보자.

소비자의 원에 속하되 경쟁자의 원을 피한다

먼저 자신의 사업이 소비자의 원(C1)에 속해야 한다(그림 3-1). 소비자들이 비용을 지불할 만큼 가치가 있는 어떤 것이어야 한다는 뜻이다. 어느 동네든 수퍼마켓, 세탁소, 미용실, 중국

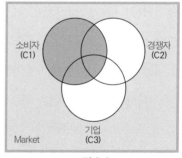

그림 3-1

집, 부동산중개소 등이 있는 이유는 소비자들이 기꺼이 비용을 지불하는 아이템들이기 때문이다. 기존 소비자들은 어떤 이유로 돈을

지불하고 있으며, 내 아이템에 기꺼이 돈을 지불하려고 하는지를 명확히 파악해야 한다. 특히 숨겨진 욕구^{needs}와 필요^{wants}를 찾아낼 수 있다면 새로운 틈새시장$^{niche\ market}$을 찾아낼 수도 있을 것이다.

둘째, 소비자는 필요를 느끼지만 경쟁자가 도외시하고 있는 부분을 찾아내야 한다(그림3-2). 그러려면 현재 활동하고 있는 직접 경쟁자와 고객들에게 유사한 가치를 제공하는 간접 경쟁

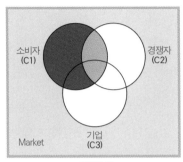

그림 3-2

자, 시장이 커가면서 나타날 잠재경쟁자들에 대한 파악이 필요하다. 그들의 강점과 약점, 핵심전략을 알고, 내가 사업을 전개할 때 어떤 영향을 줄지 생각해야 한다. 그런 후에 소비자 입장에서 의미 있는 차별성을 분명히 하는 것이다. 그 차별적 요소가 가격이 아닌 경쟁자

가 쉽게 흉내내기 어려운 것일수록 좋다.

이제 마지막으로 자신의 강점을 유효하게 활용할 수 있도록 사업 모델을 구축하면 된다(그림3-3). 이미 가지고 있는 강

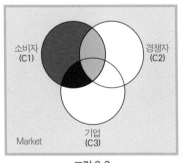

그림 3-3

점을 사용하거나 변화하는 외부 환경에 능동적으로 대처할 수 있는 조직체계를 갖출 수 있도록 하는 것이 초점이 된다. 경쟁자가 흉내 내기 어려운 자기 강점에 기반을 둔 사업이라면 초기 시장 진입도 쉽고, 시장에서 자리 잡은 후 상당한 기간 동안 성공을 지속할 수 있다.

고객의 욕구와 필요를 채워줄 수 있으면서(그림3-1), 업계 경쟁자들이 도외시하는(그림3-2), 그리고 자신의 강점과 핵심역량을 바탕으로 사업화하라(그림3-3). 그곳이 바로 자신만의 블루오션 blue ocean 이 된다(그림3-4). 현재 구상하고 있는 사업이 그중 하나라도 부족하다면 조금 더 준비하고 시작하라. 실패를 방지하고 성공을 강화시키는 비결이 이 3개의 원 안에 숨어 있다.

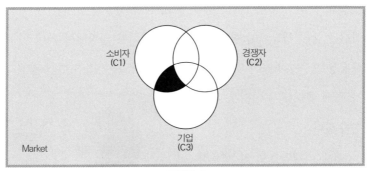

그림 3-4

남들이 알아도 못하는 것에서
나만의 정답을 찾아라

남이 모르는 것이 아니라,
알아도 못하는 것을 할 때
성공의 가능성이 높아진다.
자신이 1등이 될 수 있는 영역을 찾아라.

　많은 사람이 멋진 아이디어, 빅 아이디어를 찾기 위해 노력한다. 그러나 사업의 성패는 아이디어에 의해 좌우되지 않는다. 작은 아이디어라도 자신의 의도대로 현실화시킬 수 있는 실행력이 훨씬 더 중요하다. 굳이 수치로 표현하자면 아이디어가 10, 실행력이 90이다. 현실화시킬 수 있는 능력이 그만큼 중요하다는 뜻이다. 다른 사람이 몰라서 못하는 것은 대부분 아이디어 차원의 기회다. 실제 사업 기회는 남이 알아도 못하는 것을 능숙하게 처리해낼 수 있는 곳에 있다.

다윗의 물맷돌

다윗과 골리앗의 대결은 약자와 강자의 대결을 상징할 때 가장 많이 비유되는 말이다. 전쟁터에 나간 형들을 위문하러 전투현장을 찾은 15세 홍안의 소년 다윗은 하나님의 군대를 모독하는 2.8미터 거인 골리앗에 맞서기 위해 나선다. 당시 이스라엘 왕이었던 사울은 다윗을 말리지만, 다윗은 "아버지의 양을 지킬 때 사자의 발톱과 곰의 발톱에서 나를 구해주신 하나님께서 이 자의 손에서도 나를 구하실 것입니다."라고 말하며 담대하게 나선다. 다윗을 말릴 수 없다고 생각한 사울 왕은 다윗의 머리에 자신의 놋 투구를 씌우고 갑옷을 입힌다. 다윗은 왕이 입혀준 갑옷 위에 칼을 차고 걸으려고 해보았으나 불편함을 느낀다. 그리고 "이것들이 내게 익숙지 아니하므로 입고 가지 않겠습니다."라고 말하며 벗어놓는다. 이제 다윗은 손에 막대기를 들고 시냇가에서 매끄러운 돌 다섯 개를 골라 허리춤 자루에 넣는다. 골리앗이 다윗에게 가까이 오자 다윗이 그에게 달려가며 자루에서 돌 하나를 꺼내 물매를 날린다. 그 돌은 골리앗의 이마에 깊숙이 박히고 골리앗은 바닥에 쓰러진다. 다윗이 달려가 골리앗의 칼을 뽑아 그의 목을 벤다. 이스라엘 군대는 이 전투에서 대승을 거둔다.

여기서 주목할 것은 다윗의 담대함(무모함)이 아니다. 다윗이 어떤 무기로 골리앗을 쓰러뜨렸는가 하는 점이다. 바로 물매다. 물매는 긴 가죽 끈의 중간에 돌멩이를 넣고 돌려서 그 회전력으로 멀리 있는 목표물을 맞히는 무기다. 집안의 막내였던 다윗은 양치는 일을 하면서 물매와 막대기를 이용해 양을 공격하는 맹수들을 물리친 적이 많았다. 그래서 왕이 제공한 칼과 방패가 아닌 자신에게 익숙한 막대기와 물매를 들고 골리앗 앞에 선 것이다. 기독교인이 아닌 사람들도 이 이야기에 열광한다. 약해 보이는 존재가 훨씬 더 거대한 존재에 대항하여 승리한 것을 높이 평가하기 때문이다. 그러나 목숨을 걸고 나선 다윗에게는 나름의 필승전략이 있었다. 다윗의 눈에 골리앗은 이전에 물리친 맹수들과 크게 다르지 않게 보였고, 능숙하게 다룰 수 있는 물매를 가지고 있었기 때문이다.

정답은 하나가 아니다

만약 다윗 대신 당신이 그 자리에 서게 된다면 당신은 어떤 무기를 가지고 나가겠는가? 창에 능숙한 사람이라면 창을 들 것이고 단검에 능숙한 사람이라면 단검을 들 것이다. 총을 공수할 수 있다면 총을 들고 골리앗의 머리를 겨냥했을지도 모른다. 중요한 것은 어떤 무기냐가 아니다. 얼마나 능숙하게 사용할 수 있느냐 하는 것이다. 골리앗과의 싸움에서 승리한 다윗은 사람들에게 크게 알려지고 후에는 이스라엘의 왕이 된다. 하지만 이후 다윗은 더 이상 물매를 무기로 사용하지 않는다. 왕이 된 다윗은 전장에서 한 손에는 방패를 들고 다른 손에는 칼을 들고 싸운다. 멀리 있는 사람을 공격할 때는 창을 던져 공격한다. 성인이 된 후에는 칼과 창을 더 효과적으로 사용할 수 있었기 때문이다. 사업에서도 마찬가지다. 어떤 일이든 정답이 하나만 존재하는 경우는 없다. 목표는 같아도 그 목표에 도달하는 방식은 자신이 능숙하게 사용할 수 있는 것이 무엇이냐에 따라 달라진다.

예측하고 통제할 수 있어야 한다

똑같은 아이템이라 해도 어떤 사람은 성공하고 어떤 사람은 실패한다. 시기에 따라 그 반응이 달라지기도 한다. IMF 때 전국적으로 행해졌던 '금 모으기 운동'이나 수익증권 발매 13일 만에 1조 원이 팔린 '바이코리아' 같은 상품을 요즘 내놓았다면 당시와 같은 효과를 얻을 수 없을 것이다. 어떤 사람이냐 하는 것과 어느 시기냐 하는 것은 아이디어가 아닌 실행력과 관련된 문제다.

중국이 거대한 소비시장으로 부각하면서 사람들은 흔히들 이런 말을 한다. "중국 사람들에게 볼펜 한 개씩만 팔아도 13억 개 이상이 된다. 그것을 돈으로 환산하면!" 이런 생각 자체는 옳은 일이다. 그러나 자신에게 중국이라는 시장에 접근할 수 있는 능력과 그들의 구매를 끌어낼 수 있는 방법이 있는가를 생각해보면 13억 개가 아니라 단 13개도 팔기 어렵다는 것을 금세 확인할 수 있다.

어떤 환경이나 상황을 자신의 사업기회로 만들기 위해선 두 가지 요건을 갖춰야 한다. 하나는 예측할 수 있어야 하는 것이고, 다른 하나는 자신의 힘으로 통제할 수 있어야 하는 것이다. 두 가지 요건 중 더 중요한 것은 통제다. 아무리 그럴듯한 기회라 해도 자신이 원하는 때와 장소에서 구현해내지 못하면 자기 사업이 될 수 없기 때문이다. 사람들은 아이디어만 있으면 모든 것이 해결될 것처럼 생각하고 말한다. 그러나 가능성만 갖고는 아무것도 할 수 없다. 필요한 것은 실행능력이다. 시장을 예측할 수 있는 능력과 자신이 원하는 대로 시장의 반응을 이끌어내는 능력을 갖추어야 한다. 다른 사람에게 기회인 것이 자신에게는 전혀 관계없는 일이 될 수도 있고, 반대로 다른 사람들에게는 관계없는 일이 자신에게는 좋은 기회가 될 수도 있다. 자신의 관점으로 예측하고 자신의 능력으로 통제할 수 있는 것이 진정한 기회다.

자기만의 시장기회 찾기

모든 사업은 시장기회market opportunity를 포착하는 데서 시작한다. 시장에서 어떤 것을 필요로 하지만 충분한 공급이 이루어지지 않고 있을 때, 이전에는 없던 새로운 개념의 상품을 제안할 수 있을 때, 경쟁자들이 제공하는 상품을 좀더 나은 방법이나 새로운 방법으로 전달할 수 있을 때 기회가 주어진다. 첫 번째 경우에는 가능한 한 신속하게 행동해야 한다. 상품을 공급하는 만큼 돈이 되기 때문이다. 그러나 독점적 상품 공급이나 전쟁, 재난 등 위급상황을 제외하고는 그런 기회를 얻기란 쉽지 않다. 두 번째 경우의 예로는 '워크맨'이나 'mp3', '스마트폰' 같은 상품이 있다. 새로운 상품은 시장에서 폭발적인 반응을 이끌어낸다. 그러나 그만큼 성공을 얻기 위해서는 평범한 조직과 개인이 감당하기 어려운 수많은 실패와 대규모 마케팅 비용을 지불해야 한다.

가장 현실적으로 활용할 수 있는 기회가 세 번째 경우다. 기존에 존재하는 상품을 새로운 방식이나 더 나은 방식으로 제안하는 것이다. 유통place 부문을 중심으로 기회가 만들어지는 경우가 많다. '델 컴퓨터'를 창업한 마이클 델이 그랬다. 기존의 상품 전달 프로세스에서 빈틈을 찾아 자신이 잘할 수 있는 부분과 연결시켜 소비자들에게 새로운 제안을 한 것이다. 팩스로 주문을 받아 부품을 조립하는 수준으로 시작한 사업이 지금은 세계적 기업으로 우뚝 섰다.

논리적으로 생각하면 외부의 시장기회를 찾고 그것에 적합한 자신의 강점을 만드는 것이 순서다. 그러나 자신의 강점을 객관적으로 파악한 후에, 그 강점을 무기로 활용할 수 있는 외부의 기회를 찾는 것이 더 현실적이다. 순서야 어떻든 사업에서 성공하기 원한다면 외부의 시장기회를 찾아내고 그것을 자신의 강점 또는 자기 기업의 핵심역량과 연결시킬 수 있어야 한다. 이때 남이 알아도 못하는 것을 실행할 수 있다면 그 기회를 오랫동안 유지할 수 있다. 그것이 원가절감의 역량이든 기술이든 아이디어든 관계없다. 다른 사람들이 따라하기 힘들거나 또는 많은 비용을 들여야 비로소 흉내 낼 수 있는 것일수록 좋다. 사업을 시작할 때 자신의 강점이 무엇인지 객관적으로 분명히 알아야 할 이유 중 하나가 여기에 있다.

다른 사람이 몰라서 못하는 일은 위험하다

30년 전으로 돌아가게 된 사람이 있었다. 그는 자신이 가진 모든 재산을 팔아 사람들이 거들떠보지도 않던 황무지를 매입했다. 30년 후에 그 땅에서 석유가 나온다는 사실을 알고 있었기 때문이다. 석유가 나올 때의 가치와 비교하면 거의 공짜와 다름없는 가격으로 땅을 매입한 후 그는 큰 파티를 연다. 그러나 그 자리에서 기 막히는 사실을 알게 된다. 그 땅에 석유가 묻혀있다는 사실은 다른 사람들도 이미 알고 있었으며, 당시의 시추기술로는 경제성이 없어서 그 땅의 가치가 낮게 평가되어 있었다는 것이다. 30년을 앞서 산 자기만 알고 있는 비밀이라고 생각했던 내용이 동네의 웬만한 사람은 다 알고 있는 공개된 사실이었다.

만약 당신이 30년 전으로 돌아간다면 제일 먼저 무엇을 하겠는가? 대한민국 성인의 대부분은 압구정동이나 개포동 등 논밭과 과수원이었던 강남의 땅을 사려고 바로 달려갈 것이다. 30년 후에 그곳이 어떤 가치로 변해 있을지 이미 경험했기 때문이다. 하지만 그런 일은 영화에서나 존재한다. 실제로는 다른 사람이 모르는 나만의 기회란 존재하지 않는다. 다른 사람들은 생각 못하는 독특한 아이디어가 있으면 성공할 수 있다고 생각하는 것은 대부분 착각이다. 내가 생각할 수 있는 것은 다른 사람들도 생각한다. 설령 처음에는 알려지지 않았던 아이디어일지라도, 다른 사람들이 알게 되는 순간, 나보다 더 나은 방법으로 그 기회에 접근할 것이라는 점을 염두에 두고 사업을 시작해야 한다. 대부분의 비즈니스 승자들은 시장에 처음 뛰어든 사람들이 아니다. 그 기회를 나중에 알고 치밀하게 준비하여 뒤따른 사람들이다. 조직적 강점과 실행력을 갖춘 사람들이 승자가 되는 것이다. 그래서 자신의 강점을 기반으로 하는 곳, 목숨을 걸 만큼 중요한 가치를 부여하는 곳에 더 많은 기회가 존재한다.

남이 알아도 못하는 일에 자기 강점을 접목시켜라

성공에 필요한 실행력을 갖추는 순서는 다음과 같다. 먼저 자신의 핵심역량을 충분히 구축하는 것이다. 역량이 충분히 구축되지 않은 상태에서 외부 기회가 주어지면 돈을 벌려고 하지 말고, 그 기회를 자신의 역량을 강화시키는 쪽에 초점을 두는 것이 현명하다. 둘째, 함께 움직일 수 있는 팀이나 시스템을 확보하기 위해 노력하는 것이다. 자신의 강점과 역량을 쉽게 반복해낼 수 있는 시스템을 구축하고, 그 시스템을 이해하고 운영할 수 있는 사람을 한 명 이상 확보할 수 있으면 좋다. 그리고 외부의 제안에 손쉽게 응대할 수 있는 매뉴얼을 준비할 수 있으면 더욱 좋다. 셋째, 객관적인 시장기회를 탐색한다. 새로운 수요가 생겨나거나 자신의 핵심역량이 프로세스 상 꼭 필요한 상황이 만들어질 때가 좋은 기회다. 이미 구축되어 있는 시스템을 70~80퍼센트 이상 활용할 수 있는 경우라면 더욱 좋다. 최소의 비용으로도 참여할 수 있기 때문이다. 핵심역량은 가졌으나 시스템이 없는 경우에는 주어진 기회를 활용하여 시스템을 정립하는 데 초점을 두는 것이 바람직하다. 돈은 그 다음에 벌 수 있다.

남이 모르는 것이 아니라, 알아도 못하는 것을 할 때 성공의 가능성이 높아진다. 자신이 1등이 될 수 있는 영역을 찾아라. 만일 작은 가게를 운영하고 있다면 '이 거리에서 나는 어떤 면에서 1등인가?'를 묻고 답하라. 그리고 그 강점을 반복한다면 어떤 아이템을 시작하더라도 성공할 가능성이 높다. 단기적인 성과뿐 아니라 긴 인생에서 성공을 거두기 위해서는 자신의 삶에서 중요한 가치를 부여하는 일을 하는 것이 좋다. 중요하게 생각하는 가치를 지향하는 과정에서 하는 실패는 대부분 성공을 만드는 밑거름이 된다.

사업은 아이디어가 아닌 실행력의 싸움이다. 남이 알아도 못하는 자신만의 강점을 바탕으로 계획하고 실행하라.

3단계 마케팅-
방문, 구매, 재방문

방문할 수 있도록 고지하고
구매할만한 환경을 만들고
재방문하도록 장치한다.

마케팅은 사업에서 가장 공격적인 도구이자 접근방식이다. 누구
나 쉽게 이해하고 실행할 수 있는 실전 마케팅 방법을 생각해보자.
그 전에 먼저 확인해야 할 세 가지 질문이 있다.

'누가 고객인가?'

자신의 고객이 누구인지를 분명히 해야 한다. 수많은 사람들 중
에서 내가 목표로 하는 고객이 누구인지를 구분하여 파악해야 한다.
그들이 어디에 있으며, 무엇을 바라고 있고, 무엇을 불편해하며, 어떤
방식으로 구매하기 원하는지 알아야 한다. 또한 구매력의 크기도 알

아야 하고, 언제 주머니를 여는가도 알아야 한다. 자신이 목표로 삼은 고객에 대해 많이 알수록 효과적인 접근을 할 수 있다.

'그들에게 무엇을 팔 것인가?'

고객들이 구매하는 것은 단순한 '상품'이 아니라 그들의 필요를 채워줄 수 있는 '가치'임을 명심하자. 프로축구 티켓을 구매하는 것이 아니라 주말의 신나는 경험을 구매하는 것이고, 침대와 매트리스를 사는 것이 아니라 편안한 잠자리를 사는 것이다. 재킷과 셔츠를 팔지 말고 그 사람에게 잘 어울리는 분위기를 연출해줄 때 고객들은 쉽게 지갑을 연다. 자신의 아이템을 예상고객이 구매하고자 하는 가치를 가장 잘 전달할 수 있는 상품으로 정립해야 한다.

'어떻게 알릴 것인가?'

예상고객을 정하고 그들에게 제공할 제품과 서비스를 준비한 후에는 반드시 알릴 방법을 강구해야 한다. 보통은 TV나 신문·잡지 광고를 먼저 떠올리는데 이 방법은 비용도 많이 들고 준비하는 데에도 상당한 전문성이 필요하다. 따라서 자신의 사업규모와 아이템에 맞는 효과적인 광고나 홍보 방식을 찾는 것이 중요하다. 성공한 많은 기업들이 초창기에는 재미있고 기발한 홍보 방법들을 활용했다. 그들의 성공사례에서 배우거나 평상시에 생각해두었던 자기만의 아이디어를 사용할 수 있다.

이제 실전 마케팅에 효과적으로 활용할 수 있는 '3단계 마케팅'에 대해서 알아보자.

모든 고객 행동은 반드시 3단계를 거친다

모든 비즈니스는 반드시 '방문 → 구매 → 재방문'이라는 3단계를 거친다. 고객의 방문에서 시작되어 구매를 거쳐 고객의 재방문으로 마무리된다. 이때 고객의 방문을 얻기 위해서는 제품과 서비스에 대한 고지와 고객의 인식이 선행되어야 한다. 따라서 전체 프로세스는 다음의 다섯 단계로 정리된다.

고지 → 인식 → 방문 → 구매 → 재방문

그러나 고지는 기업의 행동이고 인식은 고객의 머릿속에서 일어나는 일이어서, 고객 행동 관점에서는 다시 3단계로 축약된다.

(고지, 인식) 방문 → 구매 → 재방문

여기서 방문은 고객 본인의 첫 방문을 의미하며, 재방문은 본인의 재방문 또는 다른 사람에게 추천하거나 호의적인 입소문을 퍼뜨리는 것을 포함한다.

각 단계별로 영향을 주는 변수가 다르다

상품의 질은 3단계 중 어디에 가장 영향을 미칠까? 품질은 구매가 아닌 재방문에 영향을 미친다. 첫 구매 시점에 상품의 질을 정확히 알고 구매하는 사람은 많지 않다. 이미 사용해본 경험이 있는 주변 사람들의 평가, 상품을 구매할 때의 현장 분위기, 할인 또는 무이자 할부 등 가격과 관련한 조건 등이 구매에 직접적인 영향을 미친다. 상품의 특성, 경쟁상황, 시기 등에 따라 다소 차이는 있지만 고객의 3단계 행동에 영향을 미치는 변수들은 대략 다음과 같다.

방문에 영향을 주는 것은 브랜드에 대한 호의적인 인식과 접근성인 경우가 많다. 목 좋은 가게의 권리금이 높은 이유가 여기에 있다. 적극적인 고지를 하지 않아도 고객들이 움직이는 동선에 위치함으로써 방문하는 사람들이 많기 때문이다. 오픈 매장에는 '오픈 효과'라는 것이 있다. 새로움에 대한 호기심이 사람들의 발길을 사로잡는 것이다. 이미 경험한 사람들의 추천도 방문을 유도하는 중요한 요소가 된다.

구매에 영향을 주는 것은 구매 시의 현장 분위기와 관련된 변수들이 대부분이다. 판매원의 역할이 중요한 이유가 여기에 있다. 재킷을 고른 손님에게 그와 잘 어울리는 셔츠와 타이를 권하면 받아들여질 가능성이 높다. 손님이 요구하는 상품이 없어도 대체할만한 상품을 적절히 소개하면 구매가 이루어진다. 비슷한 상품이라면 할인, 무이자 할부 등 가격조건이 유리할수록 쉽게 구매하게 된다. 인터넷 쇼핑몰이나 케이블TV를 통한 홈쇼핑의 경우에는 상품에 대한 구체적인 정보와 이미 사용한 사람들의 의견이 영향을 끼친다. 애프터서비스와 배송 같은 조건이 구매에 영향을 미치는 경우도 많아지고 있다.

재방문에 영향을 주는 것은 주로 품질에 대한 평가와 호의적인 구매 경험 여부다. 자신이 구매한 상품에 대해서 만족한 경우에는 자연스럽게 주변 사람들에게 호의적인 입소문을 전달하게 마련이다. 자신에게 새로운 필요가 생기면 그곳을 재방문할 가능성이 높아진다. 판매원의 친절 여부와 세심한 애프터서비스도 재방문에 영향을 미친다. 고객들 대부분이 상품 구매 후에는 '괜찮았다'와 '별로였다' 두 가지 중 한 가지만을 기억하는데, '괜찮았다'라는 기억이 재방문으로 이끄는 것이다. 마일리지나 포인트 적립 등 금전적 보상을 하거나 고객관리 등을 통해 특별한 관계를 형성하는 경우도 재방문에 긍정적 영향을 준다.

3단계 마케팅 실행하기

가장 먼저 할 일은 고객이 '방문'할 수 있도록 고지(홍보)하는 것이다. 자신의 강점과 차별성을 적절한 메시지와 매체를 통해 예상고객에게 전달할 수 있는 구체적 방법을 강구해야 한다. 둘째는 방문고객이 적극적으로 구매할 수 있는 적절한 환경을 만드는 것이다. 구매율과 객단가(고객이 1회 구매시 지불하는 평균금액)를 높이는 방법을 지속적으로 연구해야 한다. 셋째는 방문한 고객 또는 구매한 고객이 재방문할 수 있도록 장치하는 것이다. 본인의 재방문뿐만 아니라 다른 사람에게 추천하거나 호의적인 입소문을 퍼뜨릴 수 있도록 방법을 찾아야 한다. 참고할만한 예를 몇 가지 살펴보자.

선착순 1,000명에게 드립니다 서울의 한 디스카운트 스토어는 오픈 첫날부터 일주일간 매일 "선착순 1,000명에게 예쁜 원목 매거진 박스를 드립니다."라고 전단을 통해 광고했다. 오픈 당일 사람들이 줄을 서기 시작했다. 그 줄은 이어지고 이어져서 인산인해를 이루었고, 이전에는 사람들의 왕래가 별로 없던 그곳은 지역 명소가 되었다. 광고 전단에는 매력적인 상품들을 파격적인 가격으로 소개했고, 무료로 제공하는 원목 매거진 박스 또한 사람들의 관심을 끌었다. '선착순 1,000명'이라는 아이디어가 사람들의 방문을 적극적으로 이끌어냈다. 여기서 1,000명이라는 숫자에 주목할 필요가 있다. 100명이나 200명, 300명 정도라면 자신이 선물을 받을 확률이 낮다고 생각했을 것이다. 그러나 1,000이라는 숫자는 그곳에 가기만 하면 선물을 받을 수 있겠다는 기대감을 불러일으켰고, 결국 사람들의 적극적인 방문을 유도했던 것이다.

기네스 마케팅 H할인점은 신규 점포를 오픈할 때마다 기네스북에 오를 만한 대형 조형물을 만들어서 선보였다. 높이 3.7미터에 길이 4.7미터의 쇼핑카트, 지름 4.2미터에 무게가 67킬로그램인 축구공, 길이 2.2미터에 높이 3.8미터인 킥보드, 가로 세로 각 4.2미터에 높이 1미터인 DDR 등이 그것이다. 잇따라 한국 기네스북에 기록된 이런 이벤트는 주요 신문 등 매체에서도 꼭 한 번은 소개된다. 비용 없이도 효과적인 고지를 하는 것이다. 게다가 대형화와 고급화를 추구하는 할인점의 이미지를 각인시키는 효과에도 주목할 필요가 있다. 시장에 늦게 진입했으면서도 기존의 할인점과는 차별화된 이미지를 만들어낼 수 있었고, 일반인들에게 다음의 홍보에 대한 기대치도 높였다. 아주 단순한 것도 전략적 차원에서 일관성 있게 추진하면 효과적인 마케팅 행동이 될 수 있다는 것을 보여주는 사례다.

전화카드 100장 선물하기 여의도의 한 고깃집에서 밥을 먹고 계산을 하던 A부장은 깜짝 놀랐다. 주인아주머니가 개점 선물이라면서 2,000원짜리 전화카드 100장을 선물로 주는 것이다. 액면 가격으로 따지면 20만 원에 해당하는 사은품이었다.(휴대폰이 일반적이지 않았던 과거에는 전화카드는 꽤 유용한 선물이었다.) 당황한 A부장은 안 받으려고 했으나, 주변 사람들에게 나누어주라는 주인아주머니의 설명을 듣고서야 받아들고 나왔다. A부장은 같은 부서 직원들에게 한 장씩 나누어주었고, 회사 내 동기들에도 그 고깃집에 대해 얘기하면서 여러 장씩 나누어주었다. 짧은 시간 안에 그 고깃집에 대한 소문이 퍼졌다. 고깃집 주인은 사람 보는 눈이 정확했다. 회사에서 어느 정도의 위치를 차지하고 있는 사람이라면 자신의 고객이 될 수 있으리라 판단하고 A부장에게 전화카드를 전달했던 것이다. 게다가 받는 사람들이 주는 사람에게 고마움을 표할 수 있는 가치까지 있으니 그 효과는 배가되었다.

폴라로이드 이벤트 샌프란시스코 소재 익스플로러토리움 과학박

물관 앞에서 폴라로이드의 직원들이 카메라를 나눠주고 있었다. 신분증을 맡기면 필름이 들어 있는 카메라를 받아 열 장의 즉석사진을 찍을 수 있다. 삼삼오오 모인 사람들이 왁자지껄 떠들며 사진을 찍고는 즉석에서 나오는 사진을 보며 즐거워했다. 아이들은 집에 가서 가족들에게 그 사진을 보여주었을 것이다. 그러면서 그 희한한 카메라에 대해 설명했을 것이다. 박물관 밖에 주차한 홍보 차량 또한 그 자체로서 하나의 대화 소재가 될만했다. 긴 자동차에는 폴라로이드 필름 형태의 색색 사진들이 뒤덮여 있었다. 자동차는 각 마을을 돌아다니며 마을 사람들에게 몇 시간 동안 폴라로이드 카메라를 빌려주었다. 그리고 자신들의 마을을 보여줄 수 있는 사진들을 응모하는 이벤트를 진행했다. 3만 장 이상의 즉석사진들이 전국 각지에서 수집되었다. 폴라로이드는 같은 방식으로 방학 기간에 학생들에게 접근했다. 당연히 길거리, 파티장, 해변에서 폴라로이드는 젊은이들의 이야깃거리가 되었다. 사람들의 참여는 입소문으로 이어졌고, 새로운 개념의 카메라에 대한 이해와 수요를 만들어냈다.

자기만의 무기 만들기

앞의 예에서 보듯 우리는 책, 자료, 시장조사, 자신의 경험 등을 통해 효과적인 마케팅 방법을 배울 수 있다. 자신의 아이템에 적합하고 자기 가치관에 적합한 효과적인 방법들을 찾아내는 것이다. 이런 구체적 방법들은 자신이 능숙하게 사용할 수 있는 것일수록 효과를 발휘한다. 우선은 첫 방문을 유도하는 방법이 구체적이어야 한다. 080-TICKETS(항공사 티켓 판매), 080-FLOWER(꽃집), 9191-114(교회) 등 아이템의 특성과 연계해서 쉽게 기억할 수 있는 전화번호를 이용할 수도 있다. 자신이 목표고객으로 삼은 사람들이 많이 다니는 지역을 확보하기 위해 더 많은 점포 비용을 지불할 수도 있다. 실제로 번화가나 지역의 중심 상권, 유원지나 관광지, 고속터미널, 기차역 부근 등 고정 고객의 비율이 낮은 곳에서는 투자비가 더 들더라도 눈에 잘 띄는 곳에 점포를 얻어야 하고 간판이나 외관, 실내 장식에 신경을 써야 한다. 가두 홍보요원을 두거나 점포 앞에 호객 담당 직원을 두는 것도 효과를 높이는 방법이다. 즉석복권이나 스크래치 카드 같은 판촉용품을 활용하거나 가격 할인, 사은품 증정 등도 고객 방문을 촉진시킨다. 가게 앞에 파격적으로 싼 값의 미끼 상품을 두는 것도 효과적이다.

주택가나 사무실 밀집지역 등 고정 고객의 비율이 높은 지역에서는 고객들의 신뢰를 얻는 것이 중요하다. 즉 고객의 재방문에 초점을 맞춰야 한다. 가격 대비 상품의 질을 높이고 애프터서비스나 반품, 환

불에 적극적이어야 한다. 마일리지 제도를 도입해서 자주 오는 고객에게는 그만큼 이익을 환원하는 방식도 효과적이다. 고정고객 내점률이 높은 점포라면 고객카드를 만들어서 별도로 관리하는 것도 생각할 수 있다. 주변의 입소문에도 신경을 써서 늘 좋은 평판을 유지해야 한다. 고객과는 사소한 말다툼이라도 피하는 게 상책이다. 다툼을 벌인 한 사람의 고객이 열 명, 스무 명의 고객을 앗아갈 수 있기 때문이다.

방문, 구매, 재방문을 유도하기 위한 자기 나름의 방법을 정리했다면, 그 방법 중에서 경쟁우위가 있고 차별화시킬 수 있는 효과적 방법 하나를 결정하고, 그 방법을 중심으로 다른 방법들을 매끄럽게 연결해내야 한다. 전달할 메시지와 핵심 방법은 단순할수록 효과적이다. 한 가지 컨셉을 중심으로 각 단계별 적절한 방법을 매끄럽게 연계시킴으로써 3단계 마케팅을 더욱 효과적으로 성공시킬 수 있다.

a
Private
Tutor
for
CEO

사업에서 성공을 단언할 수 있는 경우는 존재하지 않는다. 성과에 영향을 주는 변수들의 대부분을 통제할 수 없기 때문이다. 우리가 할 수 있는 최선은 성공 확률을 높이는 방식을 알고 실행하는 것이다. 4장에서는 성공 확률을 높일 수 있는 비즈니스 습관 형성과 비즈니스 내공을 키우는 방법을 배울 수 있다.

4장

오늘 성공하고
내일도 성공하라

－사업 습관과 내공 키우는 법

문제를 통제할 수 있는
형태로 바꾸라

변수변환의 패턴을 생활화할 수 있는
가장 좋은 방법은
현상이 아닌 본질에 집중하는 연습을 하는 것이다.

1950년대 초, 현대건설은 미 8군으로부터 어려운 주문을 받는다. 한국전에 출병한 각국 유엔 사절들이 참배할 부산의 유엔군 묘지에 잔디를 입혀달라는 것이었다. 시간도 5일밖에 없었다. 한겨울에 잔디를 주문 받은 정주영 사장은 문제를 새롭게 인식했다. 잔디를 입혀달라는 주문을 "묘지를 푸른색으로 단장해달라."는 주문으로 소화해냈다. 그래서 낙동강 일대의 벌판에 푸르게 올라온 어린 보리들을 떠다 묘지에 입혔다. 미 8군은 만족스러워했고 현대건설은 일반 공사비의 세 배나 되는 금액을 받을 수 있었다.

변수변환을 통해 어려운 문제를 해결한다

변수변환變數變換이란 주어진 문제를 해결하기 힘들 때 그 문제를 자신이 통제할 수 있는 형태로 바꾸어서 해결하는 방식이다. 또한 요구되는 현상 속에 숨겨진 본질에 집중해서 문제를 해결한다는 의미도 갖는다. 앞의 예에서 현대건설은 '잔디'라는 요구를 '푸른 것'이라는 해결 가능한 상황으로 변수변환하여 '한겨울의 어린 보리'라는 해결책을 찾아낸 것이다. 여기에서 변수변환의 개념을 살펴보자.

$y=e^x$라는 지수함수에서 x_1, …… x_n에 대한 y_1, …… y_n의 값을 구하기는 쉽지 않다. 포물선의 형태이기 때문이다(그림 4-1). 그런데 $y=e^x$의 식의 양편에 로그(log)를 취하면 훨씬 쉽게 답을 얻을 수 있다. $\log y = Y$라고 하면 $Y=x$의 일차방정식으로 바뀐다(그림 4-2). 따

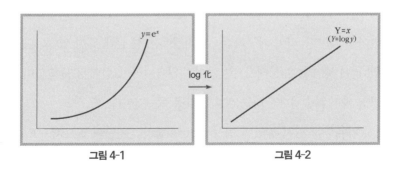

그림 4-1　　　　　　　　　　**그림 4-2**

라서 $x_1, \cdots x_n$을 대입한 $Y_1, \cdots Y_n$의 값은 쉽게 찾을 수 있고, $Y_1,$ $\cdots Y_n (\log y_1, \cdots \log y_n)$에 다시 지수를 취하면 $e^{yn} = e^{\log y_n} = y_n$이 되어서 쉽게 $y_1, \cdots y_n$의 값을 얻을 수 있다. 지수함수는 우리의 직관으로는 이해하기 어렵지만, 지수함수를 변수변환한 일차함수는 우리의 상식과 현재 능력으로 쉽게 계산된다.

이유가 있는 바겐세일

'불량품 세일'을 하고 있는 한 백화점에서 주부 고객이 스웨터 한 장을 10분 이상 앞뒤로 살피고 있다. 한 곳에 흠이 있는 것을 알면서도 가격이 싼 만큼 사려고 하겠지만, 자신이 생각하지 못한 또 다른 흠집이 있을까봐 살피고 또 살피는 것이다. 백화점 입장에서도 고객이 살 것인지 말 것인지를 빨리 결정하는 것이 더 이익이 될 것이다. 그렇다면 흠이 있는 곳마다 표시를 해서 왜 싼 값에 판매하는지 설명해주면 어떨까? 그렇게 하면 피차 시간 절약도 되고 고객 회전율도 높아질 것이다. 만약 가구라면 "이 찬장에는 한 군데 흠이 있습니다만, 벽에 붙여 놓은 상태에서는 보이지 않습니다. 그런데 50% 할인이라면 싸지 않습니까?" 하는 식으로 알려주는 것이다.

'마네킹에 입혀 놓았던 여성복 40% 할인', '지난해 골프채 60%

할인' 등 이유가 있는 바겐세일은 판매자나 구매자 모두에게 이득이다. 이때 중요한 것은 사람들이 고개를 끄덕이며 이해할만한 설명을 해야 한다는 것이다. '고객이 이해할만한 이유' + '싸다, 맛있다, 좋다, 가볼 만하다'로 공식화해서 활용하는 것도 생각해볼 만하다. 내게는 약점이지만 고객 입장에서는 장점으로 대치되는 변수변환의 관점을 가지면 이전과는 전혀 새로운 접근이 가능해진다.

4P가 아니라 4C다

마케팅 행동에서 제품product, 유통place, 촉진promotion, 가격price의 네 가지를 묶어서 4P 또는 마케팅 믹스marketing mix라고 부른다. 이것은 기업과 공급자 관점에서 정리된 것임을 쉽게 알 수 있다. 마케팅 전문가 필립 코틀러Philip Kotler는 4P가 아닌 고객 관점의 4C가 되어야 한다고 주장한다. 즉, 제품이 아닌 고객 효용customer value이 되고, 유통이 아닌 고객 편의성convenience이 되며, 촉진이 아닌 고객과의 의사소통communication이 되어야 하고, 가격이 아니라 고객이 지불하는 총비용cost to the customer으로 이해해야 한다는 것이다. 유통을 장소의 개념이 아닌 고객 편의성이라는 관점에서 생각하면, 로드숍 등 유형의 숍에서 카탈로그숍, 사이버숍, 인적판매 등 다양한 유통 형태를 생각해낼 수 있다. 실제로 고객들이 이해하고 받아들일 수 있는 모든 접촉점이 유통으로 활용될 수 있다. 기업 중심의 관점(4P)에서 고객 중심의 관점(4C)으로 변수변환함으로써 새롭고 다양한 접근방법을 생각할 수 있게 된다.

1997년 IMF 사태 이후, 평생직장이 아니라 평생직업을 갖기 위해 노력하는 사회적 흐름이 생겼다. 평생직장이란 단순히 한 직장에서 평생 일하자는 의미가 아니었다. 안정된 생활을 유지하고자 하는 욕구의 표현이었을 뿐이다. 이제 스스로를 월급 받는 직장인에서 전문성을 가진 직업인으로 스스로를 변수변환시키면 험악한 구조조정 속에서도 긴장할 필요가 없다. 일하는 위치가 바뀌었을 뿐 일정 영역의 전문가라는 정체성에는 변함이 없기 때문이다.

수익을 올리는 5가지 접근방법

상품을 유통할 때 수익을 높이기 위해서 다음의 두 가지 공식을 생각해볼 수 있다.

수익 = 매출×이익률 − 비용과 손실
매출 = 방문고객수×구매율×객단가

두 가지 공식을 조합한 최종 공식은 다음과 같다.

수익 = (방문 고객수×구매율×객단가)×이익률 − 비용과 손실

이 공식을 기준으로 하면, 수익을 올릴 수 있는 5가지 접근방법을
생각할 수 있다.

1. 방문 고객수를 늘린다.

2. 방문 고객의 구매율을 높인다.

3. 구매 고객의 객단가를 올린다.

4. 이익률을 높인다.

5. 비용과 손실을 줄인다.

사업 초창기에는 방문 고객수를 늘리는 데 초점을 맞추는 것이
효과적이다. 어느 정도 고객관계가 안정적으로 설정된 다음에 구매
율과 객단가를 높이기 위해 노력하면 된다. 사업이 궤도에 올라서고
전체 사업에 대한 통제력을 충분히 갖추고 나면 이익률을 높이려는
노력과 동시에 비용과 손실을 줄이려는 노력이 병행되어야 한다. 다
섯 가지 변수 중 한 가지만 개선되어도 매출이 높아지고 수익이 달라

진다. 사람들은 종종 문제를 한꺼번에 해결할 수 있는 빅 아이디어를 찾는다. 그러나 안타깝게도 빅 아이디어란 존재하지 않는다. 현실적이고 효과적인 접근방법은 가장 두드러지게 성과를 올릴 수 있는 영역에 힘을 집중하는 것이다. 가장 중요한 것에서부터 힘을 집중하다 보면 빅 아이디어와 유사한 결과를 만들어낼 수 있다.

관점이 바뀌면 새로운 해결방법이 보인다

변수변환은 협상의 영역에서도 활용할 수 있다. 사과 한 개를 나누어야 하는 상황에 있을 때 접근방식을 바꿈으로써 두 사람 사이의 갈등을 없애버릴 수 있다. 한 사람은 사과를 자르고 다른 사람은 조각난 사과를 우선적으로 선택하도록 하는 것이다. 그러면 더 큰 것을 가져야겠다는 욕심이 어떻게 하면 정확히 나눌 수 있을까의 고민으로 바뀌게 된다. 욕심을 생산적 관계로 변수변환시키는 것이다.

토론을 시작할 때 서로 다른 입장을 가진 사람들에게 먼저 물어볼 필요가 있다. "미처 생각하지 못했던 점이나 새로운 사실들을 상대방을 통해 알게 된다면 당신은 현재의 입장을 바꿀 수 있는가?" "그렇다."고 대답하는 사람들과는 생산적인 토론이 가능하다. 그러나 문제에 대한 해결이 아닌, 자신의 입장만을 강조하는 사람들과는 토

론이 되지 않는다. 토론의 초점을 상대를 쳐부수는 것에서 문제를 쳐
부수는 것으로 바꾸지 않는 한 토론은 무의미하다. 오히려 서로 감정
의 골만 깊게 만들 수 있다. '상대방'에서 '문제'로 변수변환할 수 있
을 때 비로소 생산적 토론이 가능해진다.

현상이 아닌 본질에 집중하라

어떤 문제든 해결책이 존재한다고 먼저 믿어라. 당장은 불가능
해 보이더라도 그 문제가 요구하는 본질적인 면을 찾기 위해 노력해
야 한다. 그러기 위해서는 문제의 핵심을 이해하려고 노력해야 하며
문제를 해결할 수 있다는 믿음을 가지고 집중해야 한다. 그러다 보면
머리와 마음속에서 저절로 변수변환이 이루어진다. 그리고 어느 순
간 적합한 답을 찾게 된다. 타성과 관념에 사로잡혀 있는 주변의 비
난에 주눅들 필요도 없다. 오히려 그들의 부정적 평가를 활용해서 부
족한 면을 보완하는 지혜를 발휘할 필요가 있다.

관점을 바꾸는 연습을 자주 해보자. 공급자 관점에서 소비자 관
점으로, 분배의 크기에서 파이를 키우는 관점으로, 제한된 상황에서
의 현상적 해결책이 아닌 본질적 해결책을 찾는 관점으로 시각을 전
환하는 것이다. 그러면 전에는 불가능해 보이던 문제가 가능한 문제

로 점차 바뀌어간다.

변수변환의 패턴을 생활화할 수 있는 가장 좋은 방법은 현상이 아닌 본질에 집중하는 연습을 하는 것이다. 그러려면 벌어지고 있는 상황과 문제들의 이유인 'why'를 먼저 이해해야 한다. 습관적이고 관행적으로 행해지는 상황들을 'why'의 관점에서 질문하고 스스로 납득할 수 있는 답을 통해 정리할 수 있어야 한다. 다른 사람이 그렇다고 하니까 나도 그렇게 생각하고, 지금까지 그렇게 해왔으니까 나도 그렇게 따라한다는 방식에서 벗어나야 한다. 'why'에 대한 근본적인 이해와 주어진 상황에 대한 본질을 정의(what)할 수 있다면 문제의 해결책(how)은 저절로 나타난다.

사람을 움직이는
4가지 변수를 활용하라

사람을 움직이는 최후의 목표는
습관에 두는 것이 바람직하다.
좋은 의미에서 중독시키는 것이다.
이익, 재미, 관계에서 시작이 되었더라도
마지막은 습관적으로
나를 찾아오도록 만들어야 한다.

초보 사장이 연구해야 할 중요한 주제 중 하나가 '사람'이다. 아무리 좋은 제품과 서비스를 준비했어도 사람들이 와서 사주어야 하기 때문이다. 그렇다면 자신이 원하는 시기에 원하는 형태로 사람들을 움직이는 방법을 알고 있어야 한다. 사람을 움직이는 4가지 변수가 있다.

'돈'과 '이익'이 사람을 움직인다

게임을 주 아이템으로 다루는 한 기업에서 홍보 차원으로 서울의 종로3가에서 사람들에게 현금 1만 원씩을 나누어주기로 했다. 반응이 폭발적이었다. 사람들이 대로변까지 길게 늘어서서 교통흐름까지 방해하는 사태가 일어났다. 그 정도까지 반응이 있을 것으로 생각하지 못한 주최 측은 당황했고 결국 경찰이 개입된 후에야 사태가 진정되었다. 김장철을 앞두고 한 할인점에서 배추를 한 포기에 500원씩 판매했다. 매장 문 여는 시간은 10시인데 아침 7시부터 사람들이 모여들기 시작했다. 마침 그날은 비가 와서 한 손에는 장바구니를 한 손에는 우산을 들고 있어야 했는데도 길게 줄을 선 사람들의 표정은 매우 밝았다. 당시 시중의 배추 한 포기가 1,300원으로 1인당 5포기까지만 판매하니까 한 사람이 얻을 수 있는 최대 이익은 4,000원 정도였다. 그런데도 수많은 사람들이 빗속에서 우산을 들고 세 시간 이상을 불평 없이 기다렸던 것이다. 프리미엄이 높을 것으로 예상되는 아파트 분양의 열기, 공모주 청약을 위한 은행 앞의 긴 줄서기는 이미 익숙한 풍경이다.

사람들은 자신에게 돈이 되고 이익이 된다고 판단하면 적극적으로 반응한다. 기대되는 이익의 크기가 크면 클수록 반응은 더 열광적으로 바뀐다. 상황이나 환경에 따라 사람들이 기대하는 최소이익의 크기만 넘어설 수 있다면, 돈과 이익은 사람들을 움직이게 하는 가장 쉽고 효과적인 방법이 된다.

'재미'와 '흥미'가 사람을 움직인다

매년 10월이면 서울 여의도에서는 불꽃놀이 축제가 열린다. 2~4주간에 걸쳐서 토요일 저녁마다 30분가량 멋진 불꽃놀이를 보여준다. 불꽃놀이를 하는 토요일마다 여의도는 인산인해다. 차가 꽉 막혀 길에서 몇 시간씩 기다려야 하지만 아무도 불평하지 않는다. 이유는 단 하나다. 감탄과 환호를 일으키는 불꽃을 감상하기 위해서다. 사람들은 재미있다고 생각하거나 흥미를 느끼면 움직인다.

재미와 흥미는 사람들을 끌어모은다. 프로야구와 프로축구를 살펴보면 박빙의 승부나 재미를 많이 주는 팀 경기 때 관중들이 많이 모이는 것을 볼 수 있다. 결승전이나 챔피언 결정전일 때는 더욱 그렇다. 꼴찌 팀이면서도 관중을 많이 몰고 다니는 팀이 있는 것은 승부와 무관하게 그 팀의 경기가 사람들에게 재미를 주기 때문이다. 재미를 주고 흥미를 일으키면 사람들은 움직이게 마련이다.

'관계'가 사람을 움직인다

혈연, 지연, 학연, 조직 등의 관계를 갖게 되면 사람들은 움직인다. 처음 매장을 열면 가족, 친지, 가까운 친구들이 찾아온다. 그들은 꼭 필요하지 않아도 한두 가지씩 물건들을 구입한다. 그래서 개업 당일의 매출은 평상시보다 두 배 이상 높은 것이 일반적이다. 결혼식장이나 장례식장에 가면 관계의 힘이 얼마나 대단한지를 쉽게 체험한다. 대부분의 사람들이 봉투 하나씩을 들고 정장 차림으로 찾아온다. 의례적인 인사와 축하, 격려가 오간다. 매우 형식적이라고 생각하면서도 사람들은 그렇게 행동한다. 인정하고 싶지 않지만 대부분의 조직에는 파벌이 존재한다. 정치는 말할 것도 없고 가장 효율적인 의사 결정이 이루어져야 할 기업 조직에도 파벌은 존재한다. 그래서 자기 쪽에 속한 사람을 우선적으로 배려한다. 길거리에서 우연히 만난 사람도 고향이 같으면 왠지 동질감을 느끼면서 쉽게 마음을 열게 된다. 가끔은 자기 몫을 나누어주기도 한다. 그것이 관계의 힘이다.

사람들은 어딘가에 소속되고자 하는 욕구를 갖고 있다. 관계가 형성되지 않으면 불안을 느끼는 것이다. 관계가 정체성을 의미하는 경우도 있다. 누구누구의 아들, 어디어디 출신, ○○대학 졸업, △△전우회 등으로 자신을 설명하는 경우를 쉽게 볼 수 있다. 요즘은 어느 기업 소속인지가 그 사람을 평가하고 이해하는 가장 앞선 기준이 되고 있다. 사람들은 가능한 한 자신에게 유리한 관계를 맺으려고 노력하고 투자한다. 그리고 그 관계를 최대한 활용하려고 한다. 그래서 관계는 사람을 움직이는 중요 변수가 된다.

사람을 움직이는 가장 무서운 힘, '습관'

우리의 하루생활은 90~95퍼센트가 습관적으로 이루어진다. 특별한 이유가 없으면 어제의 행동을 오늘도 반복한다. 아침이 되었으니까 일어나고 시간이 되었으니까 출근한다. 12시가 되면 점심을 먹으러 가고 저녁 6시가 되면 집으로 향한다. 습관적으로 TV를 켜고 습관적으로 신문을 읽는다. 공휴일에도 자명종 소리가 들리면 일어나서 화장실로 향한다. 그러다가 쉬는 날임을 깨닫고 다시 잠자리로 돌아가는 경우도 있다. 넓은 장소에 가도 자신이 주로 앉는 자리가 있다. 같은 종류의 상점이 아무리 많아도 자주 방문하는 단골상점은 따로 있다. 한 지점에서 다른 지점으로 이동할 때도 언제나 가던 길로 간다. 기존의 인식과 행동을 바꿀만한 자극이 없으면 사람들은 습관적으로 행동한다. 거기에는 이유가 없다. 단지 관성만이 작용할 뿐이다.

처음부터 좋은 습관을 형성하는 것은 그래서 중요하다. 초보자들을 교육하고 훈련시킬 때는 그 영역에서 가장 바람직한 습관을 만들어주는 것에 초점을 맞추어야 한다. 일단 한 번 자리 잡은 습관은 그것이 긍정적이든 부정적이든 쉽게 바뀌지 않기 때문이다. 따라서 영역의 본질에 집중할 수 있는 습관을 가진 사람이 유리한 위치에 있다고 할 수 있다. 다른 사람들은 노력해서 행동하는 것을 그 사람은 관성적으로 반복할 수 있기 때문이다. 습관은 사람을 움직이는 가장 무서운 힘이다.

사람마다 끌리는 요소는 다르다

앞에서 언급한 네 가지 변수 중에서 가장 일반적으로 사람들을 움직이는 힘은 돈과 이익이다. 특히 가장 영향력 있는 비즈니스 대상target인 주부의 경우는 이익에 매우 민감하게 반응한다. 그러나 쉽게 움직일 수 있다는 것은 쉽게 떠날 수 있음을 의미하기도 한다. 따라서 늘 이익을 중심으로 사람들의 반응을 이끌어내는 것은 그다지 바람직한 방법은 아니다. 그러나 아직 나를 잘 이해하지 못하거나 내가 제안하는 제품과 서비스를 경험하지 못한 경우, 또는 새로운 제품과 서비스를 제안하는 등 어떤 일의 시작점이나 전환점에서 이익이라는 변수를 활용하면 대부분 좋은 결과를 얻는다.

사람을 움직이는 무기로 이익을 사용할 때는 '최소이익의 크기'를 알아야 한다. 사람들은 자신이 행동해서 얻을 수 있는 것이 일정 크기 이상의 가치가 있다고 느껴질 때만 반응하기 때문이다. 그래서 '무료', '공짜'가 힘을 발휘한다. 자신은 아무것도 지불하지 않아도 된다고 생각하기 때문이다. 100원을 지불하라고 할 때와 공짜로 준다고 할 때의 반응은 수십 배 이상의 차이가 난다. 일회용 봉투나 컵을 50원 또는 100원을 주고 사게 하는 것도 이런 소비자 심리를 활용한 것이다. 최소이익의 크기만 제대로 파악해도 이익이라는 무기를 효과적으로 사용할 수 있다.

어린아이들과 젊은이들에게는 재미와 흥미가 이익 못지않게 중요하다. 자기가 좋아하는 가수의 콘서트를 보기 위해 며칠 밤을 새우는 사람들은 모두 젊은 층이다. 아이들은 하루 종일 재미를 찾아다닌다. 그래서 아이들 사이에서 인기를 얻으려면 재미있어야 한다. 아이들을 대상으로 하는 이벤트를 할 때는 호기심을 가질 만한 것을 전시장 입구에 세워두고 행사를 지루하지 않게만 진행하면 대부분 성공한다. 유의할 점은 아이들은 뻔한 결과에는 반응하지 않는다는 점이다. 과정과 결과가 모두 가변적일 때 더 열광적으로 반응한다.

주부나 젊은이들에 비해 성인 남자들은 주로 관계에 따라 움직인다. 대부분의 남자들은 단골 지향형이다. 동네의 특별할 것 없는 작은 술집들이 망하지 않는 이유는 주 고객이 성인 남성들이기 때문이다. 이들은 외부로부터 큰 자극을 받지 않는 한 자신을 기억해주는 그 집을 다시 찾는다. 이들은 자신이 사용해온 브랜드를 쉽게 바꾸지도 않는다. 그래서 남자들을 주 고객으로 사업하는 경우에는 그 사람을 기억해주고 관계 형성을 위한 별도의 노력을 기울여야 한다. 성인 남성들을 대상으로 사업할 때 유의할 것이 한 가지 있다. 첫 거래에 정성을 들여야 한다는 것이다. 처음이 좋으면 다음 연결이 용이하지만, 첫 경험이 불쾌할 경우에는 부정적 태도를 바꾸기란 거의 불가능하다.

습관은 어느 계층의 사람들에게나 똑같이 영향력을 발휘한다. 그래서 습관은 사람을 움직이는 가장 강력한 동인動因이다. 알코올 중독, 마약 중독, 흡연 등이 사회적 이슈로 다루어지는 이유는 그 폐해를 심각하게 인식하고 나서도 습관으로 인해 행동을 바꾸지 못하기 때문이다. 사람을 움직이는 무기로서 습관을 갖게 한다는 것은 일종의 중독을 만들어내는 것을 의미한다. 비즈니스에서 가장 강력한 중독은 '브랜드 중독'이다. 많은 사람들이 자신이 원하는 브랜드 제품 하나를 사기 위해 한 달 용돈을 다 써도 불평하지 않는다. 어쩌다가 그 브랜드가 세일을 한다고 하면 1~2킬로미터씩 줄을 선다. 이른바 짝퉁 시장이 형성되는 것도 브랜드 중독에 따른 현상으로 이해할 수 있다. 일본을 중심으로 활성화되어 있는 마니아mania 시장도 일종의 습관을 중심으로 한 시장이다. 자신의 제품이나 서비스에 길들여진 고객을 일정 숫자 이상 확보할 수만 있다면 그 사업은 행복한 결과를 얻을 수 있다.

변수를 조합하면 더 강력해진다

각 변수를 두세 가지씩 조합해서 사용하면 그 반응은 더욱 증폭된다. 이미 관계가 형성되어 있는 집단에게 이익을 더하면 반응은 매우 호의적으로 나타난다. 경영기법 중 하나인 CRM^customer relationship management이 대표적인 예다. 80퍼센트의 매출과 이익을 만들어내는 20퍼센트의 고객을 구분해내고, 그들이 지속적인 고객이 될 수 있도록 특별 관리하는 기법이다. 생소하고 특별한 용어이긴 하나 사실은 관계를 중심으로 이익을 덧붙여서 기존고객을 유지, 강화하고, 그럼으로써 기업이익을 극대화시키려는 노력의 하나인 것이다.

이익에 재미와 흥미를 더하면 더욱 효과적인 반응을 이끌어낼 수 있다. 그냥 선물을 주지 않고 즉석복권 형태의 상품권을 제공하거나, 다트를 던져서 사은품을 받게 하거나, 돌아가는 통 가운데 손을 넣어서 선물 이름이 적힌 공을 잡게 하는 게임이 이런 경우다. 이익이 최종 목적이라 해도 이익 그 자체만을 강조하면 사람들이 천박하게 느낄 수도 있고, 경우에 따라서는 자존심에 상처를 입을 수도 있다. 재미나 흥미를 중심으로 진행을 하고 이익은 당연한 결과인 것처럼 제공하면 사람들은 훨씬 더 호의적으로 반응한다.

습관이 목표다

사람을 움직이는 최후의 목표는 습관에 두는 것이 바람직하다. 좋은 의미에서 중독시키는 것이다. 일단 습관이 형성되면 웬만한 힘으로는 바꾸기 어렵다. 이미 내게 길들여진 고객을 경쟁 상대가 빼앗아가려면, 내가 고객과의 관계에서 큰 실수를 하지 않는 한, 그들은 내가 지불한 것보다 훨씬 많은 대가를 지불해야 한다. 현실적으로 내 고객을 빼앗아가는 것이 어렵다는 말이다. 따라서 이익, 재미, 관계에서 시작이 되었더라도 마지막은 습관적으로 나를 찾아오도록 만들어야 한다.

이전에는 규모가 큰 비즈니스 조직인 호텔이나 항공사 등에서만 진행하던 마일리지나 포인트업 시스템이 동네 비디오 가게나 주유소 등에서 이루어지는 것도 고객들이 자기 가게를 습관적으로 찾아오게 만드는 시스템이 상용화된 사례다. 심지어 일본의 한 백화점에서는 하루에 한 번 자기 백화점을 찾는 사람들에게 50엔 씩을 무료로 적립해주기도 한다. 주변을 세심하게 살펴보면 고객과의 관계에서 각 비즈니스 조직들이 지향하는 바가 습관을 형성하려는 노력임을 알 수 있다. 습관이야말로 사람을 움직이는 가장 효과적이고 효율적인 변수이기 때문이다.

조금 더 버티는
사람이 이긴다

일단 어렵고 힘든 상황이라고 판단되면
즉시 '비즈니스 숨 참기'를 시도하라.
처음으로 돌아가
기본부터 다시 생각하고
어려워진 이유를 찾아내야 한다.

    초등학생인 아들을 데리고 밤 줍기에 나섰다. 1인당 5,000원씩
내고 자루 하나씩을 받았다. 나무를 흔들고 막대기로 가지를 치자 밤
송이가 땅에 떨어진다. 밤송이를 양 발로 빗겨 밟아 가시를 제거한다.
윤기 흐르는 암갈색 밤송이를 자루에 담는다. 밤송이 자루를 평상에
올려놓고 튼실한 밤 하나를 꺼내 껍데기를 벗긴다. 딱딱한 껍데기 안
에는 내피가 붙어 있다. 처음 생밤을 까보는 아들 녀석은 급한 마음
에 이빨로 내피를 벗기다가 이내 퉤퉤거리며 입술을 문지른다. 내피
의 떫은맛을 본 것이다. 내가 작은 칼을 이용해서 내피를 벗기자 먹
음직스러운 밤이 알몸을 드러낸다. 아삭아삭 달콤한 밤 맛에 기분이
좋아진 아들 녀석은 자루에서 다른 밤을 찾아 다시 껍데기를 벗기고

내 주머니칼을 가져가서 내피까지 벗긴 후에 이내 알맹이를 입 안에 집어넣는다. 두세 번 같은 과정이 반복되면서 이제 녀석의 동작도 능숙해진다.

비즈니스 밤 까기

사업하는 과정은 밤 까기와 아주 유사하다.

1. 산에 올라가기
2. 가시 제거하기
3. 딱딱한 껍질 까기
4. 떫은 내피 벗기기
5. 달콤한 맛보기
6. 또 다른 밤송이 찾기

사람들은 꿈과 확신을 갖고 사업을 시작한(산에 올라간)다. 그러나 지식과 경험의 부족으로 실패와 서러움(가시에 손을 찔림)을 경험하고, 전혀 예상하지 못했던 장애물(딱딱한 껍질)을 만나 큰 고통을 겪는다. 겨우 장애물을 넘어섰는가 했더니, 그 일의 결과가 보잘것없어서 그리고 몸과 마음이 너무 지쳐서(씁쓸한 맛의 내피) 다시 실망한다. 그러나 그 단계를 극복하고 나면 달콤한 성공의 맛을 경험하게 된다. 그 과정을 두세 번 반복하면 곧 능숙하게 '비즈니스 밤 까기'를 할 수 있다.

대부분의 사람이 두세 번의 실패를 경험하고 나서야 어렵게 성공에 도달한다. 처음부터 성공하는 사람은 드물다. 처음부터 당연히 성공할 것이라고 생각하는 것은 거의 망상에 가깝다. 성공이라는 맛있는 알밤을 먹기 위해서는 '가시 제거, 껍질 까기, 내피 벗기기'라는 과정을 반드시 거쳐야 한다. 따라서 처음 사업을 시작하는 사람은 가능한 한 작게 시작하는 것이 좋다. 경험 없이 시작한 첫 사업은 실패할 가능성이 높기 때문이다. 그러나 일단 시작한 후에는 포기하지 말아야 한다. 처음의 실패는 다음 도전의 밑거름이 된다. 또한 사업 아이템을 정할 때는 자신의 삶의 방향(소명, 즐거움, 욕구)과 일치하는 일을 선택하는 것이 좋다. 아무리 많이 준비를 했어도 실제 상황에 들어가면 늘 새로운 장애물에 부딪힌다. 이때 돈을 좇고 다른 사람들의 성공만을 뒤좇아서는 그 장애물을 넘기 어렵다. 그러나 자기 강점이 발휘되고 욕구를 충족시키는 일인 경우에는 오히려 장애물이 사업자를 강하게 만들어주는 계기가 된다. 가끔은 그 과정 자체가 성공으로 평가되기도 한다.

비즈니스 숨 참기-1

모든 성공 뒤에는 보이지 않는 어려움을 이겨낸 사람들의 이야기가 있다. 돈, 사람, 예기치 않은 자연재해, 강력한 경쟁자 등장, 개인적인 질병에 이르기까지 어려움의 형태는 다양하다. 장애물을 만나고 실패를 경험할 때 초보 사장은 과연 어떻게 대처해야 할까?

한 수영 강사가 설명해준 물에 빠졌을 때의 대처요령을 떠올려보면 장애나 실패에 직면했을 때 처신 방법을 생각할 수 있다. 수심 3미터 정도의 물이라면 즉시 숨을 멈추고 바닥까지 내려갔다가 바닥을 차고 올라오라고 했다. 그렇게 하면 수면 위로 머리가 나와 숨을 쉴 수 있게 된다. 바닥을 차고 올라오는 행동을 세 번만 반복하면 정상적으로 숨을 쉴 수 있어서 방향감각을 찾을 수 있게 된다. 생존할 가능성이 높아지는 것이다. 만약 당황하여 허우적대다가 코나 입으로 물이 들어가면 곧 정신이 혼미해져서 목숨을 잃게 된다.

초보 사장이 장애물을 만나거나 실패를 경험하는 것은 수영에 익숙하지 않은 사람이 물에 빠지는 것과 다르지 않다. 그런 경우에는 당장의 상황을 모면하기 위해서 성급하게 행동하지 않는 것이 중요하다. 당황해서 허우적대다가는 목숨을 잃을 수도 있다. 숨을 참고 바닥까지 내려가야 한다. 그렇게 하면 약해지는 마음을 다잡을 수 있는 여유를 얻게 될 것이다. 현재 겪는 어려움의 원인을 찾고 그에 맞는 근본적인 대응책을 생각해내야 한다. '비즈니스 숨 참기'가 필요한 것이다.

비즈니스 숨 참기-2

어릴 때 친구들과 했던 놀이 중에 '누가 더 오래 숨을 참나' 하는 놀이가 있었다. 허리 높이의 탁자 위에 세숫대야를 두 개 놓는다. 물을 가득 채운 세숫대야 앞에 짧은 머리의 아이 둘이 선다. 주변에는 다른 아이들이 미소를 머금고 둘을 지켜본다. 심판을 맡은 아이가 "하나, 둘, 셋!" 하고 외치면 동시에 물속에 머리를 담근다. 몸을 떨면서 숨을 참던 아이 중 하나가 먼저 고개를 들면 승부가 가려진다. 오래 참은 아이가 이긴 것이다. 주변의 아이들이 환호성을 지른다. 게임에서 진 아이가 성에 차지 않은 듯, 한 번 더 하자고 씩씩댄다. 초등학생들의 경우 보통 10~15초 정도가 지나면 승부가 결정된다. 처음 10초는 누구나 견뎌낸다. 그러나 10초가 넘어가면 가슴이 답답하고 머리가 아득해진다. 결국 마지막 2~3초를 누가 더 참아내느냐 하는 것이 승부의 관건이 된다. 다른 경쟁자들도 특별하지 않다. 내가 느끼는 어려움을 그들도 똑같이 느끼며 내가 만나는 장애물과 실패를 그들도 똑같이 경험한다. 그러나 마지막 순간을 견뎌내는 사람이 승자가 되는 것이다.

처음 계획한 대로 사업이 순탄하게 펼쳐지고 있는가, 아니면 여러 가지 장애물과 어려움 속에서 괴로워하고 있는가? 돈에 쪼들리고, 사람에게 치이고, 규제에 휘둘리고, 게다가 몸까지 힘들지는 않은가? 그것은 모든 초보 사장이 겪는 일상적인 과정일 뿐이다. 일단 어렵고 힘든 상황이라고 판단되면 즉시 '비즈니스 숨 참기'를 시도하라. 처음으로 돌아가 기본부터 다시 생각하고 어려워진 원인을 진단해야 한다. 그리고 그 문제들을 근본적으로 해결할 수 있는 아이디어와 어떻게 접근해야 할지 고민해야 한다. 일단 살아남아야 한다. 그래야 또 다른 방향을 모색할 수 있다. 두세 번의 숨 참기를 경험한 후에야 비로소 모두가 인정하는 성공에 도달할 수 있다.

세상에는 공짜가 없다. 눈물과 기도 없이 이루어진 성공은 TV드라마나 소설 속에만 존재한다. 성공은 간단히 얻어질 수 있는 것이 아니다. 어떤 사람도 피해갈 수 없는 '밤 까기'의 과정을 거쳐야 한다. 눈물과 두려움 없는 성공도 없다. 누구나 넘어야 할 '숨 참기'에 익숙해져야 한다. 보통은 그것을 두려워하고 피하려고 한다. 그러나 성공한 사장들은 다르다. 그것을 즐긴다. 절벽 위에 서서 뒤돌아보지 않고 오히려 앞으로 발을 내민다. 그리고 거기에 새로운 길이 있음을 깨닫는 것이다. 우리가 발을 딛고 서 있는 현실세계에서는 '비즈니스 밤까기'와 '비즈니스 숨 참기'의 과정을 거쳐야만 비로소 달콤한 성공을 경험할 수 있다.

객관적 관점과 주관적 신념

세상의 모든 일은 자기 의견을 갖는 것에서 시작된다. 사업도 마찬가지다. 충분하든 충분하지 못하든 자신의 관점과 의견을 가지고 사업을 시작한다. 그러나 사업에서 성공을 기대한다면 먼저 객관적 관점을 갖기 위해 노력해야 한다. 특히 외부의 상황과 환경을 이해하고 시장기회를 찾을 때는 최대한 객관적이 되어야 한다. 객관적 관점을 형성하지 못하면 효과적 접근방식을 찾아내기 어렵기 때문이다. 그러나 자신이 바라본 기회를 소화해서 풀어가기 위해서는 주관적 신념이라는 근간이 필요하다. 여기에는 정답이 없다. 창의적 접근만이 있을 뿐이다. 성공의 답이 자기 안에 있다는 말의 근거가 여기에 있다. 장애물과 실패가 성공의 씨앗이 될 수 있다는 말의 배경도 여기에 있다. 그래서 사장은 늘 긍정적이고 적극적이어야 한다. 또한 전략적이어야 한다. 전략은 긍정을 보는 눈에서 시작되기 때문이다.

객관적 관점은 머리를 차갑게 해주고 주관적 신념은 가슴을 뜨겁게 한다. 차가운 머리와 뜨거운 가슴이 합쳐져서 추진력을 만들어낸다. 비즈니스 밤 까기와 비즈니스 숨 참기를 일상으로 생각하고 살아야 하는 사장들에게 이 두 가지가 합쳐진 '객관적 신념'(객관적 관점+주관적 신념)은 꼭 필요한 것이다.

why-what-how의
관점을 정립하라

모든 일에는 그 일을 해야 하는
근본적인 이유나 목적(why)이 있고,
그 목적을 달성하기 위한
목표(what)가 세워지고,
그 목표를 효과적으로 실행하기 위한
방법과 아이디어(how)가 필요하다.

사내에서 인정받는 B군에게는 단순하지만 매우 효과적인 의사소통 방법이 있다. 그는 주로 사장님에게 직접 일을 지시받는데, 사장님은 그와 대화할 때마다 매우 기분 좋은 반응을 보인다. 다른 사람들이 결재 받지 못하는 서류도 B군이 가지고 들어가면 쉽게 결재가 떨어진다. B군에게는 어떤 노하우가 있는 것일까? B군의 요령은 생각보다 단순했다.

"how를 지시받으면 what을 묻고, what을 지시받으면 why를 확인한다."

모든 일에는 그 일을 해야 하는 근본적인 이유나 목적(why)이 있고, 그 목적을 달성하기 위한 목표(what)가 세워지고, 그 목표를 효과적으로 실행하기 위한 방법과 아이디어(how)가 필요하다. B군은 사장에게 'how'의 수준에서 일을 지시받으면 무엇(what)을 위해서 그렇게 하려고 하는가를 물어서, 지시받은 방법 외에 더 효과적이거나 효율적인 방법이 있으면 구체적으로 제안하거나 실행했다. 또한 'what'의 수준에서 일을 지시받으면 그 일을 하는 이유나 목적(why)이 무엇인지를 물어서, 외부 환경의 변화나 조직 내 의사결정의 변화 등을 감안하여 그 목표를 조정하거나 조정의 필요를 먼저 제안했던 것이다. 사장이 B군을 신뢰하고 인정하는 데는 분명한 이유가 있었다.

전체를 이해할 수 있어야 한다

어떤 상황을 이해하거나 내용을 전달받을 때는 그것을 'why, what, how'로 구분해서 정리하면 전체를 효과적으로 이해할 수 있다. 이때 how의 부분은 what을 이루어내기에 적합한지 확인하고, what의 부분은 why를 충족시키는지를 검토해야 한다. 상호 연계성이 충분히 이해되지 않는 경우에는 뭔가 빠진 부분은 없는지 확인할 필요가 있다. 누군가에게 어떤 내용을 전달할 때도 그 내용을 'why-what-how'로 구분해서 설명하면 더 명확히 전달할 수 있다. 다만 효과적인 전달을 위해 상대가 한 명일 때, 소수 집단일 때, 다수 집단일 때로 구분해서 전달하는 순서와 방법을 바꿀 필요가 있다. 논리적으로는 'why→what→how' 순서로 전달하는 것이 맞지만, 사람들의 주의를 집중시키는 데는 'what→why→what→how'의 순서를 따르는 것이 효과적일 때가 많다. 전달 내용의 비중도 전달받는 사람이 누구냐에 따라 달라진다. 의사결정을 해야 하는 경영자들은 why/what에 주로 관심을 갖고, 실행지침을 이행하는 실무자들은 what/how에 관심을 갖는다. 일반적으로는 what을 정확하게 이해시키는 것이 중요하다.

how 단계의 문제는 what을 확인한다

비즈니스 현장에서 일어나는 일들은 대부분 how 수준의 것들이다. 그런데 how 단계에서 생긴 문제를 또 다른 how로 풀려고 하면 쉽게 답이 찾아지지 않는다. how의 문제에 대한 해결책을 얻기 위해서는 what을 확인해야 한다. 앞서 변수변환에서 예를 들었던 '한겨울 잔디'라는 문제를 '낙동강변 어린 보리'로 해결했던 사례를 다시 생각해보자. 미 8군이 요청한 부산 유엔군 묘지에 잔디를 입혀달라는 주문은 사실은 해결이 불가능한 것이었다. 만약 이때 잔디(how)에만 집착했다면 문제해결은 어려웠을 것이다. 그러나 정주영 사장은 무엇을 하기 위한 잔디인가를 생각했다. 그러자 새로운 해결방향이 떠올랐다. 바로 푸른색(what)이면 되겠다는 생각이 들었던 것이다. 게다가 행사용이니까 며칠만 유지하면 되는 것이었다. 그는 결국 새로운 how(낙동강변 어린 보리)를 생각해낼 수 있었다. 잔디(how)→푸른색(what)→어린보리(how)의 순서다. how 단계에서 생긴 문제를 what을 확인함으로써 해결해낸 것이다.

　이러한 접근방법은 아산만 방조제 물막이 공사 때도 그대로 반복된다. 유속이 너무 빨라서 쏟아 놓은 흙과 바윗돌이 그대로 쓸려나가자, 토목 전문가들은 얼마나 짧은 시간 안에 얼마나 많은 양의 흙과 바위를 넣어야 하는가(how) 하는 문제에만 골몰했다. 이때 정주영 회장은 물의 흐름을 막으면 된다(what)고 생각했고, 폐유조선을 사용해 물막이 공사를 마무리했다. 흙과 바위(how)→물의 흐름 막기(what)→폐유조선(how)으로 해결책을 찾아낸 것이다. how의 단계에서 문제가 생겼을 때 what을 확인함으로써 문제를 해결할 수 있는 새로운 how를 찾아내는 방식은, 언제 어디서나 반복해서 효과적으로 사용할 수 있다.

what의 문제는 why를 검토한다

1997년 IMF 사태는 우리 사회의 많은 영역에 변화를 가져왔다. 그중 하나가 더 이상 평생직장은 없다는 의식이 형성된 것이다. 많은 사람들이 자신의 의사와는 관계없이 오랫동안 일했던 직장을 떠나야 했다. 그 와중에 스스로 목숨을 끊는 사람도 있었다. 사람들은 마음 아파하면서도 '과연 직장에서 내몰린 것이 목숨을 끊을 만한 이유까지 될까?' 하고 생각했다. 직장은 what 수준의 문제지만 삶을 사는 것은 why의 문제였기 때문이다. 삶의 목적과 방향만 분명했다면 새로운 what을 찾으려고 노력하는 것이 더 적절한 행동이었을 것이다.

학교성적을 비관해서 자살하는 청소년들도 마찬가지다. 삶을 준비하는 단계로서의 학업이 아니라 학교성적 자체가 목적이 되어버리자, 거기서 성과를 얻지 못한 아이들은 더 이상 삶의 희망을 갖지 못했던 것이다. 희망을 상실한 사람은 더 이상 삶에 미련을 두지 않는다. 그러나 환경의 어려움이야 이해하지만 목숨을 끊을 각오면 못할 일이 무엇이겠는가?

직장에 다닐 것인가 사업을 할 것인가, 또는 어느 대학에 들어갈 것인가의 문제는 what 차원의 문제다. 그러나 그것이 의도대로 이루어지지 않는다면 차분하게 why를 검토해보아야 한다. 그리고

why가 분명하다면 새로운 what을 생각해내야 한다. 그 과정이 앞 장에서 설명한 '비즈니스 숨 참기'가 된다. 사업에서 혼돈스럽거나 복잡한 상황에 처했을 때는 스스로에게 물어보라. "내가 왜 이 일을 시작하려고 했는가? 이 일을 통해 궁극적으로 얻고자 하는 것은 무엇인가?" 질문에 대한 답을 정리하고 나면 새로운 대안을 찾아낼 수 있다. 그 과정에서 많은 어려움과 대가를 지불하겠지만 새로운 시작은 언제나 가능하다. what의 문제는 why를 검토함으로써 해결할 수 있다.

why를 정립하는 것은 사장의 몫이다

how의 단계에서 문제가 생겼을 때는 what을 확인함으로써 새로운 해결책을 찾고, what의 단계에서 어려움을 겪을 때는 why를 검토함으로써 새로운 방향을 모색할 수 있었다. 그렇다면 why 단계에서 문제가 생겼을 때는 어찌해야 하는가? 그때는 충분한 시간을 갖고 여유 있게 생각해야 한다. why 단계의 혼돈스러움은 삶의 근간, 사업의 근간이 흔들리는 것을 의미한다. why는 방향과 관련되어 있다. 그리고 목적과 관련되어 있다. 사업에서 why가 흔들리면 큰 대가를 지불해야 한다. 지금까지 해오던 방향이 바뀔 수 있기 때문이다. why는 비즈니스 현장 실무자들에게는 적극적으로 이해하고 받아들여야 하는 영역이지 스스로 정리할 수 있는 영역이 아니다. why를 정립하는 것은 철저하게 사장의 몫이다.

why를 결정하고 what의 초안을 잡는 것은 사장의 몫이다

비즈니스 현장에서 일상적으로 이루어지는 일은 대부분 how 수준의 문제들이다. 그리고 연간, 분기, 월간 등 일정 기간에 한번씩 what에 대해서 검토하게 된다. 그래서 비즈니스 현장 실무자들은 대부분의 시간을 how 수준의 문제를 다루는 데 사용하고, 일정 기간에 한번씩 what을 가지고 지난 결과와 행동을 평가한다. 따라서 현장 실무자들과는 what에 대해서 명확히 공유해야 하고, 그 what을 멋지게 해낼 수 있는 how에 대해 창의적으로 접근할 수 있도록 독려해야 한다. 그리고 그 실행에 대해 명확히 평가해주어야 한다. 현장 실무자들에게서 why에 대한 문제가 거론된다는 것은 사업에서는 바람직하지 않은 일이다. 보통은 그 기업이 어려움에 처해 있음을 읽게 해준다.

사장에게는 여유와 사색의 시간이 반드시 필요하다. 기업의 방향과 목적에 대해서 생각을 갈무리하고, 그것을 바탕으로 현재의 사업과 핵심전략을 돌아보는 역할을 해야 하기 때문이다. 사장의 철학도 기업에서 중요한 비중을 차지한다. 기업의 why에 영향을 미치기 때문이다. 그래서 어떤 일을 잘하려고 노력하기보다는 처음부터 옳은 일을 하기 위해 노력하는 것이 더 효과적이고 바람직한 자세다. why는 철저하게 사장 몫이고, 그 why를 만족시킬 수 있는 what에 대한 방향과 초안을 잡는 것도 사장의 몫이다. 함께 일하는 사람들은 초안으로 제시된 what을 전략적으로 정리하고, 그 what을 현실화시킬 수 있는 구체적인 how를 채워간다.

why-what-how의 관점 정립은 사업 과정에서 생기는 문제들을 해결하는 데 유용한 통찰력을 제공한다. how의 수준에서 일하는 사람이 혼돈을 느낄 때는 what을 확인해야 한다. what의 수준에서 일하는 사람에게 혼돈이 찾아오면 반드시 why를 검토해야 한다. why의 수준에서 일하는 사람에게 혼돈이 생기면 잠시 현업에서 손을 놓고 깊이 생각해야 한다.

조직의 모든 사람들에게는 본인이 감당해야 할 역할이 있다. how에 관련한 일을 요구받을 때는 what에 대해서 묻고, what 수준의 일을 요구받을 때는 why에 대해 물어라. 아랫사람에게 일을 시킬 때, what을 지시하는 사람에게는 why를 설명하고 how를 행할 사람에게는 what을 이해시켜라. 그러면 당신과 그들 모두 좀더 쉽고 효과적으로 성과에 접근할 수 있을 것이다.

실행할 때
성공도 따른다!

사업에서 성공이란 생존한 다음의 행동이다. 경험과 훈련 없이 바로 사업을 시작하는 것은 준비 없이 밀림에 들어서는 것만큼이나 위험한 일이다. 자신의 기대와는 전혀 다른 결과가 곳곳에서 나타나기도 하고, 열매를 언제 어디에서 따야 할지 몰라 당황할 때도 많다. 사업이 어떻게 돌아가는지 그 법칙을 자신의 느낌으로 이해할 때까지는 절대로 풀배팅을 하면 안 된다. 최악의 경우에도 죽지 않고 다시 시작할 수 있는 상황 속에 자신을 두어야 한다. 그렇게 할 수 있다면 한 번의 실패는 다음 시도를 위한 밑거름이 된다.

그래서 첫 사업에 올인하면 안 된다. 먼저 자신이 하고자 하는 아이템과 분야에서 성패에 영향을 주는 핵심 변수들을 파악해야 한다.

그리고 각 변수들을 어떤 방법으로 소화할지 생각하고 준비해야 한다. 부족하다고 생각되는 것은 찾아서 경험하고 배워야 한다. 나보다 먼저 시작한 곳에는 항상 배울 것이 있다. 배울 수 있는 곳이면 어디라도 가야 한다. 그리고 선입견 없이 배우도록 노력해야 한다.

안다고 모든 것이 이루어지는 것은 아니다. 가지고 있는 아이디어를 실행해야 비로소 어떤 결과를 얻을 수 있다. 따라서 실행력을 갖추기 위해 노력해야 한다. 단판 승부는 위험하다. 경쟁우위를 지속적으로 유지할 수 있는 아이디어와 실행력은 하루아침에 만들어지는 것이 아니기 때문이다. 또한 자신의 삶에서 추구하는 가치를 검토하고 그에 걸맞은 아이템과 방법을 선택해야 한다. 사업에서 성과를 내고도 삶에서 실패하는 사람들이 많다. 사업은 자신의 삶에서 치르는 게임이라는 것을 잊어서는 안 된다. 삶의 가치와 사업 성과가 동시에 일어났을 때 제대로 된 성공이라 말할 수 있다.

사업의 흐름과 궤적을 소개한 이 책과 《김형곤의 실전 사장학》으로 연이어 나오는 책들의 내용을 잘 조합하여 당신의 멘토로 활용하기 바란다. 한 번 읽고 덮어버리지 말고 여러 번 반복해서 읽고 쉽게 활용할 수 있도록 정리할 것을 권한다. 주변 사람들과 함께 읽고 서로의 경험과 깨달음을 나눌 수 있으면 더 좋겠다. 마지막으로 이 책의 내용에 당신의 살아 있는 경험을 더해서 다른 사람들을 가르치고 도울 수 있길 바란다.

a
Private
Tutor
for
CEO